「伝わる」のルール

体験でコミュニケーションをデザインする

伊藤直樹 著

インプレスジャパン

企画、編集　松永光弘
構成　河尻亨一
カバーアートディレクション　伊藤直樹
カバーデザイン　上神田彩子
本文デザイン　松永光弘

制作　今津幸弘（インプレスジャパン）
編集長　藤井貴志（インプレスジャパン）

カバーモデル　岡あゆみ（スターダストプロモーション）
http://star-studio.jp/oka-ayumi/
カバー写真　藤啓介
ヘアメイク　藤原羊二
撮影協力　湯川篤毅

Special Thanks　スターダストプロモーション
ロックンロールジャパン

第0講

「伊藤直樹」のルール

（河尻亨一／『広告批評』元編集長）

〝いまの人〟伊藤直樹

時代が変われば、世の中は変わる。世の中が変われば、当然のことながら、広告コミュニケーションも変わる。

ならば、「いまの広告コミュニケーション」は、だれに学べばいいのか。

「いまのつくり手」に訊いてみよう――。

そういう着想から、この企画ははじまったと聞く。そして、伊藤直樹というクリエイターにその答えを求め、広告クリエイターをめざす人たちのためにすでにおこなわれていた、いくつかの講義をまとめたのが本書である。

イキのいい仕事をしているクリエイターの話を聞く――考えてみれば、ぼくが編集長を務めた『広告批評』という雑誌も、おおむねそういう視点で編集していたし、雑誌づくりのかたわら開講していた「広告学校」は、クリエイター志望の若い人たちがつくり手の生の声に触れ、ときにはみずからの疑問や考えを講師にぶつけることができる場であることに意義があった。

伊藤直樹のように、インタラクティブ（相互のやりとり）を広告コミュニケーションのなかに意図的に取り込もうとしているクリエイターのやり方を学ぶには、なおのこと対話スタイルの講義に触れるのがいいだろう。実際、伊藤は講義のなかで、積極的に受講生の発言をうながすタイプの講師である。それが彼のスタイルであり、スタンスなのだろうが、そのやりとりのなかで発せられた伊藤のコメントには、彼の仕事をよく知っているぼく自身「ハッ」とさせられる新たな発見が少なからずあった。

ぼくは「広告学校」で、10年近くにわたって、数多くのクリエイターたちの講義に触れてきたが、〝コミュニケーションのツボ〟を熟知し、巧みにそこをプッシュすることで、時代を動かしているつくり手の言葉には、学ぶところ、心動かされるところが多かった。常日頃「伝える」ことに全精力を傾けている一流のつくり手たちは、その難しさと伝わったときのよろこびも知っている。そして、一芸に秀でた〝匠〟の言葉には、業界にかかわりのない人たちにも参考になる知恵がつまっている。

たとえばぼく自身は、ジャーナリストであって広告クリエイターではない。しかし、雑誌の毎号の特集を企画したり、イベントをプロデュースするとき、「企ての発想」のどこかに、講師たちから学んだ〝方法〟が生かされていた、といまになって思う――「ひとことに集約できるものでなくては企画は伝わらない」「アイディアにはジャンプが必要だ」「コミュニケーションは〝理解する〟ものではなく〝感じる〟ものである。だから表現のないものは届かない」ｅｔｃ――広告にかぎらず、これらはあらゆるビジネスの場に応用できそうではないだろうか？　「伝えたいことが相手にきちんと伝わらない……」という悩みを、みなさん人知れず抱えていたりしないだろうか？　どうすれば、ターゲットの心をつかめるのか。どうすれば、刺さる企画ができるのか。はたまた、どうすれば、たくさんの人たちに知ってもらえるのか……。「企画」という、現代ビジネスではもはや欠くことができなくなった営みにたずさわる多くの人たちが抱える「どうすれば」を考える際に、彼らの知恵がヒントになるのだ。

こと世の中に対峙しようとするとき、彼らは使える〝カギ〟を数多くもっている。なかでも伊藤直樹がもっている多彩な〝カギ〟のなかには、最新式のカードキーまである。先ほど「イキのいいクリエイター」と紹介したように、彼はテレビや雑誌といったマスメディアだけでなく、もはやそれを抜きにはコミュニケーションやマーケティングを語れなくなった、ウェブという新しいメディアをも使いこなしている。

彼がもっとも得意とする「インテグレーテッドキャンペーン」は、その実戦型ともいうべきものだろう。具体的なキャンペーンの組み立て方や考え方については、講義のなかで伊藤自身が明らかにしてくれるが、簡単にぼくなりの解釈をすれば、「インテグレーテッドキャンペーン」とは、ブランドと生活者をこれまでの広告以上に強く結びつける

〝21世紀型広告〟のメインストリームである。

2008年の米大統領選でオバマ陣営が、YouTubeやTwitter、Facebookといったインターネット上の仕組みを活用し、その草の根的な盛り上がりをマスメディアで増幅させ、オバマフィーバーを巻き起こしたことは記憶に新しいが、あのムーブメントが「インテグレーテッドキャンペーン」の大成功例といえば、なんとなくイメージはおもちいただけると思う。

そして、伊藤直樹が日本における「インテグレーテッドキャンペーン」の第一人者であることは疑いをいれない。これまで手がけた数々のキャンペーンが高く評価され、彼はいまや世界の広告会社やクリエイターたちが注目し、動向をうかがうまでの存在になっている。だが、残念なことに、日本ではまだ彼の仕事が正しく理解されているとはいいがたい。

そこでここからは、伊藤直樹のおもな仕事を読み解き、広告づくりにおける彼の「ルール」を探ってみたいと思う。広告はもちろんそれを発する企業のものではあるのだが、同時につくり手の〝作品〟であり、時系列に並べるとつくり手の進化の〝足跡〟ともなる。作品を見れば、つくり手のこと、つまり伊藤直樹の人と考え方がよくわかるはずだ。

インタラクティブでフィジカルな体験を提供：「蹴メ」（2004年）

クリエイター伊藤直樹の仕事の原点は、ナイキ「蹴メ」である。「蹴メ」とは〝蹴るメール〟の意。これはケータイメールをサッカーボールに見立て、友人同士で言葉をパスしあい、まるでサッカーをしているかのように互いのやりとりを楽しめるツールなのだ。相手からのメール（パス）を受信すると、ユーザーは送られてきたURLにアクセス。「パス」「ドリブル」「シュート」などを選択し、ディフェンスをかわしながら仲間とともにゴールをめざす仕組みになっている。サッカー大好き、ケータイも大好きな中高生男子諸君が、もののみごとにハマってしまいそうなインタラクティブゲームである。

キャンペーンにあたってのナイキからのミッションは、「携帯電話を使ってNIKEFOOTBALLを〝表現〟せよ」というものだったそうだが、このお題は、伊藤を苦しめたようだ。悩みに悩んだ結果、ケータイメールという〝仕組み〟を使って、サッカーというフィジカルな〝体験〟を提供しようというアイディアが浮かんだところが、のちの彼の仕事を暗示するようで興味深い。

そのアイディアの根底には、コミュニケーションは〝パス〟であるという発見がある。

「蹴メ」

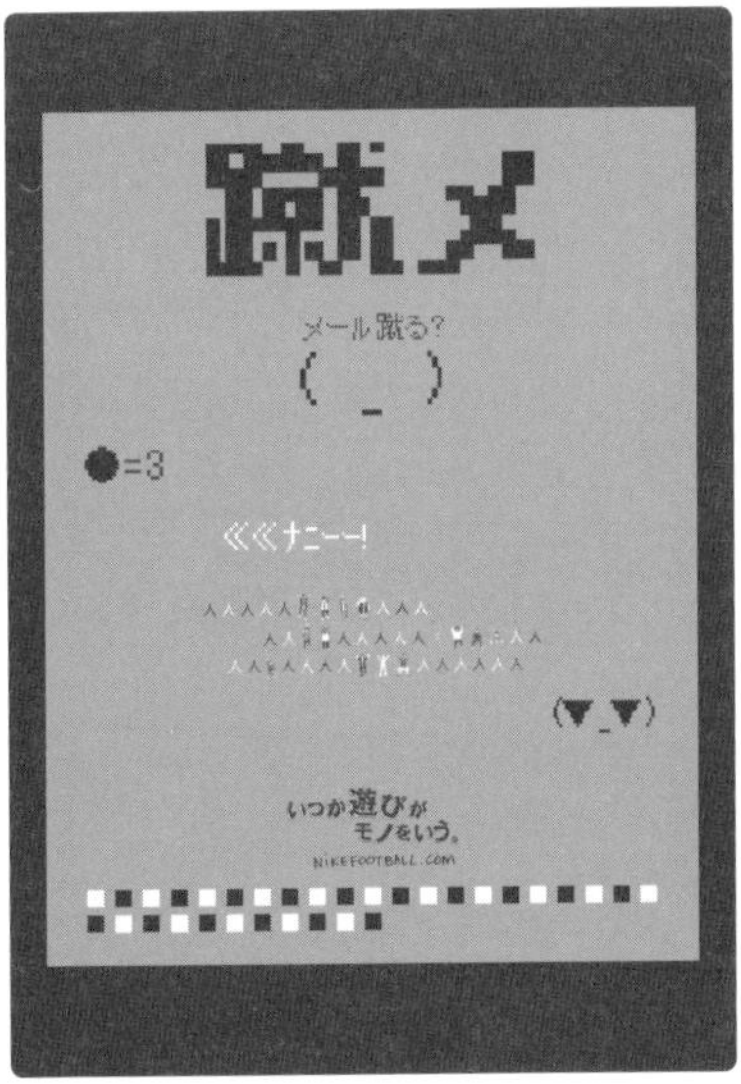

「蹴メ」着信メール（左）とチームページ（右）

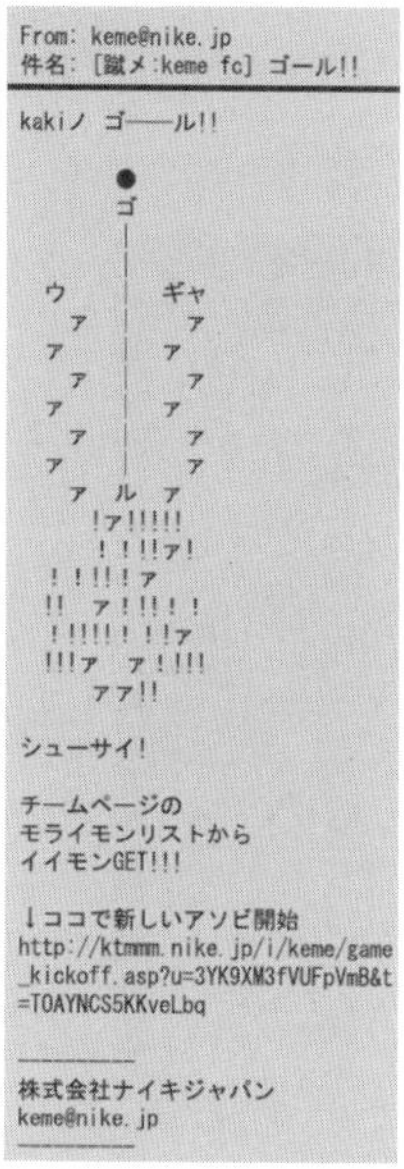

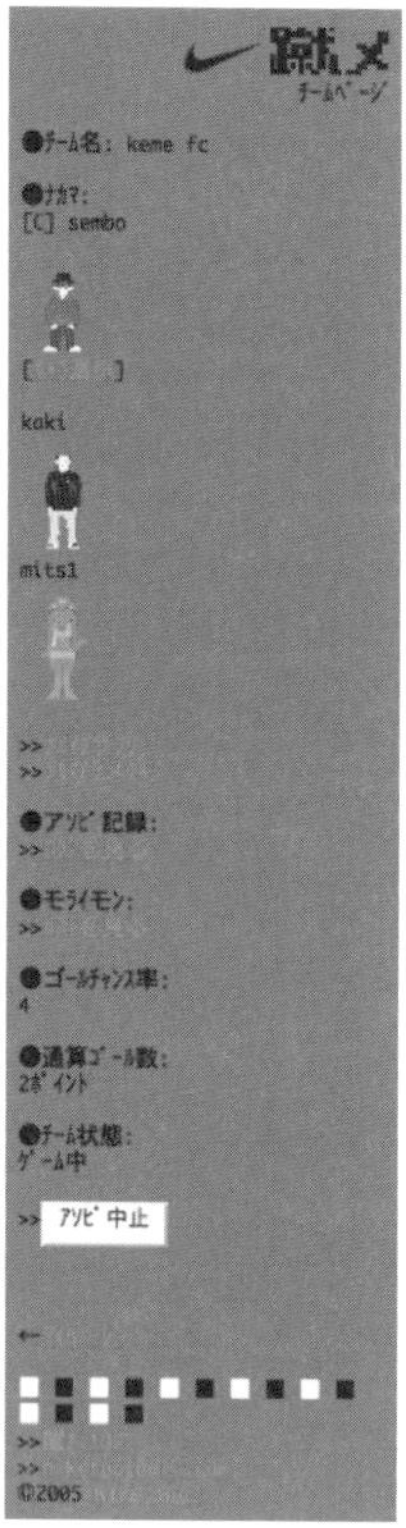

日頃の仕事上のやりとりでも、「あの人は、いいタイミングでパスを出すなあ」とか「アイツはずっとボールをキープしたままだな、チャンスなのに……」といった経験をもつ人は多いだろう。だれもが共感できる、その〝気づき〟をコミュニケーションにもち込んだのだ。

それにしても、このアイディアが浮かんだきっかけがおもしろい。企画の提出を急かす営業担当者からのケータイの「ブルッ」という着信バイブ（「やべぇ……返事しなきゃいけないのに！」という焦りの状況）で「ハッ」と思いついたそうだが、まさにそういったフィジカルな実感が「蹴メ」には生かされている。的確なパスまわしがチームの勝敗を分けるサッカーの醍醐味を、ケータイメールの仕組みで再現するなんて、なかなか〝ナイッシュー！〟な思いつきではないか。

そして、先ほども述べたように、この「蹴メ」には、その後の伊藤の仕事のエッセンスがシンプルなかたちで現われている。つまり、「〝インタラクティブ〟な〝仕組み〟（ケータイメール）を活用することで、〝身体性〟の高い〝ブランド体験〟（ナイキならではのサッカーゲーム）をユーザーに提供」しているのである。顔文字やアスキーアートを使ったインターフェース上の〝表現〟も凝っていて、ターゲットである中高生に届きやすいものになっている。

旬のメディアに見合った表現：「Nike Cosplay」（２００６年）、「if you were a boy,」（２００７年）

つぎに紹介したいのは、ナイキ「Nike Cosplay」である。このキャンペーンで伊藤の名は、日本だけでなく世界の広告業界に知られることになった。インターネット経由で、自分好みの色にカスタマイズしたナイキのアイテムを購入できる「NIKEiD」の認知度アップをねらったキャンペーンなのだが、ここではYouTubeを用いたバイラルＣＭが企画のコアに据えられている。

カラフルな戦隊ヒーローもののコスチュームに身を包んだ、総勢38人もの「AKIBAMAN」が、秋葉原の電気街で、風采の上がらないサラリーマンを取り囲む。白昼の街中で起こったハプニング。突然のことに驚いた彼はダッシュで逃げ出すが、AKIBAMANたちに追われ、最後はなにかを悟ったかのように、みずからもピンク色のコスチュームを着用することを決意する——ざっと説明すると、こんな内容の映像を、ナイキのＣＭであることをはっきり明かさずにYouTubeに投稿したのだ。

これを見た人たちは、いかにもYouTubeらしいゲリラ映像をおもしろがりながら

「Nike Cosplay」バイラルCM

http://www.youtube.com/user/NikeAkibaNetwork

YouTubeの「Nike Cosplay」（上）とNIKEiDの「Just a joke!」ページ（下）

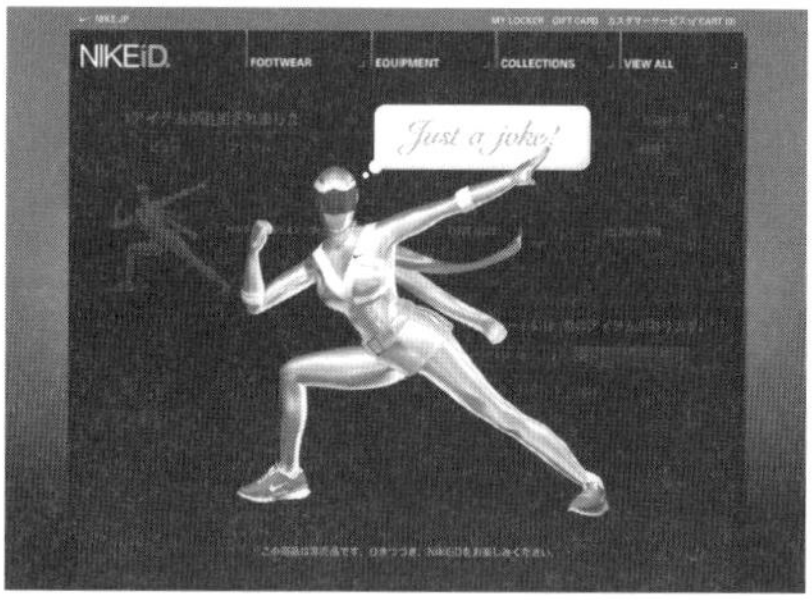

も、なんのことやらワケがわからなかっただろう。「これってナイキとカンケーあんの?」くらいの感想だったに違いない。映像にはナイキのロゴが入ってはいるものの、NIKEiDの説明はまったくといっていいほどなされていない。ヒントとしてはわずかに、「PLAY COLORFUL」というNIKEiDのコンセプトを匂わせるタグライン(決めのコピー)が、最後に表示されるだけ。しかし、「AKIBAMAN」は、秋葉原ブームがピークを迎えていた当時、気になる投稿だったことは間違いがなく、実際〝好きモノ〟たちのあいだでかなり話題になった(これはYouTubeが若者たちのあいだで盛り上がりつつあった時期と重なる)。映像系の学生が〝趣味的〟に撮ったのか、それともプロがつくったのか。そこすら判断できかねるビミョーなクオリティに、映像を着地させていたのもハマった。おそらく意図してのものだろうが、いかにもプロがつくった感じの映像では、YouTubeにアップしたときに、「これは広告です」的な〝作為〟が見えてしまう。

YouTubeへの投稿から約1ヶ月後、満を持して、NIKEiDのウェブサイトに「PLAY COLORFUL」コーナーがオープンする。そこで、AKIBAMANがホントにナイキのオフィシャルCMだったということが明かされるという仕組みである。そこにもAKIBAMANが登場。他のナイキ製品と同じく、彼らのコスチュームもカスタマイズして購入できるかのような演出が施されている。ところが、コスチュームの色を指定して、購入のカートに入れようとしたとたん、「Just a joke!」のメッセージが表示される。ユーザーはまんまと一杯食わされるというわけだ。つまり、サイトの訪問者はここで、NIKEiDというサービスを楽しみながら〝体験〟することになるのである。これを見ても、インタラクティブを用いたコミュニケーションの〝仕組み〟として、うまく設計されていることがおわかりいただけるだろう。

最初はナイキのキャンペーンであることを強調しないでおき、ある種のザワザワ感をウェブ上に振りまいたのちに、タイミングを見計らって公式サイトでリリースする。この時間設定がよく練られている。キャンペーンスケジュールも企画の一部なのだ。

しかし、〝表現〟についての疑問は残る。「PLAY COLORFUL」というメッセージを、なぜ戦隊もののヒーローをモチーフに伝えようとしたのか？ それは伊藤が「ゴレンジャー」などに熱中した世代であることと関係しているかもしれない。さらにいうと、このモチーフは、ストリートカルチャーを重視する、ナイキという企業のフィロソフィーに合致しているともいえなくはない。だがぼくは、この映像をはじめて目にしたとき、「バイラルCMとはこういうものか」と感心すると同時に、なんとなく違和感も抱いてしまった。

それは「Nike Cosplay」が、自分の見てきたそれまでのカッコいいナイキの広告と、かなりトーンが異なるものだったからだ。映像の舞台についても、いくらアキバが話題のスポットとはいえ、オタクの聖地は、やはりナイキにふさわしくないのではないかと思った。ぼくはあまりオタクカルチャーに詳しくないし、じつをいうとよく理解できないのだが、「Nike Cosplay」がいわばネット上のキャンペーンだということもあって、このCMのつくり手は「そっちの気（け）のある人なのかな」と勘違いしてしまったのである。

だが、AKIBAMANは、そのトーンといいモチーフといい（もちろん映像の尺も）、従来の〝ヒットCMの文法〟から逸脱した気になる映像ではあった。これが話題になっているというのだ。そこでこの映像を何度か見たわけだが、そのうちにこの映像には、ナイキのCMとしてきちんと着地するような、かなり綿密なディレクション（表現上のコントロール）が施されていることに気づいた。

まず、このAKIBAMANたちは、アキバの電気街の路上で、意外に軽快（スポーティ）な動きを見せてくれる。そして、アヤしいヤツらであるにもかかわらず、自分たちがクルマの通行の妨げになっていると気づくや、礼儀正しく頭を下げたりするところもコミカルに描かれているのである。気持ち悪いのやら、フザケているのやら……。しかし、いわゆる〝アキバ〟とは距離を置こうとしているような感触もなくはない。その意味で

AKIBAMANには、当時脚光を浴びていたオタクカルチャーに対する風刺とまではいわないが、ある種の批評的視点があるように感じた。つまりこの映像は、オタクではなく、少し引いたところからアキバブームをおもしろがっている者の手によるものであり、表現のなかにその視点をきちんと〝刻印〟している。だからこそ「Nike Cosplay」は、マニアだけでなく多くの人に伝わる〝広告〟として機能したのだと思う。

その後、ぼくは伊藤本人に何度か取材し、その男気あふれる〝体育会系〟な人柄に触れるにつれ、多くの疑問は氷解したのだが、この企画の意図が本当に腑に落ちたのは、2007年のカンヌ国際広告祭の会場においてだ。カンヌの受賞式は、世界の広告のつくり手たちが一瞬だけクライアントのことも忘れて、〝自分〟をさらけ出すことが許される場なのだが、この年、「Nike Cosplay」(サイバー部門銅賞、ダイレクト部門銅賞)および後述する「BIG SHADOW」(アウトドア部門金賞、サイバー部門金賞、メディア部門銅賞)で複数の受賞を果たした伊藤は、なんとAKIBAMANのコスチュームに身を包んで登壇し、喝采を浴びたのである。カンヌの壇上でよろこびのパフォーマンスを披露する人は多いが、そこまで気合いの入った〝おふざけ〟をカマす人はいない。ぼくにはそれが「Nike Cosplay」の本当のオチに思えた。「そうか! 〝Just a Japanese joke!〟だったんだ……」。

「if you were a boy,」ブログパーツ（上）とCM（下）

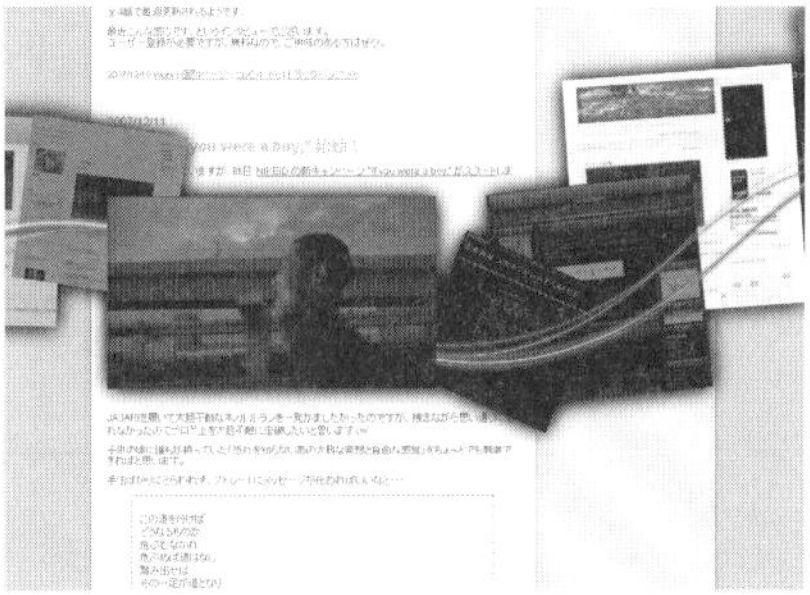

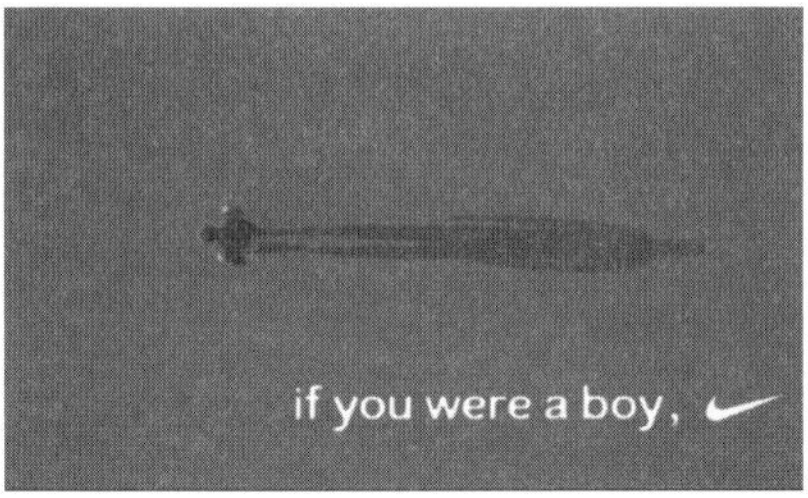

ちなみに伊藤は、2007年にも「if you were a boy,」というナイキ「JASARI」のキャンペーンを手がけている。これはブログパーツを用い、走るランナーの映像がいくつものブログを駆け抜けていくかのように見せる仕組みがよくできていたが、こちらはザラザラした感じの「Nike Cosplay」とはガラリと印象の異なる、美しくメッセージ性の強い〝王道ナイキCM〟であったことをつけ加えておきたい。テレビCMでも同じ映像をオンエアしていた。つまり、伊藤直樹というクリエイターは、「クライアントのミッション」と「メディアの特性」と「時代の気分」に応じて、そのつど、新しい表現と仕組みを編み出すことができる、コミュニケーションの達人なのである。

リアルとバーチャルをまたぐ遊び場：「BIG SHADOW」（2006年）

「BIG SHADOW」は、渋谷を〝遊園地〟にしようという、じつに楽しいコンセプトのもとに実施された街頭イベント型キャンペーンである。主人公の影がドラゴンとなって戦うXboxのゲーム「ブルードラゴン」の世界を体験してもらうため、特殊な機材を用意して、渋谷・道玄坂の約45メートルあるビル（渋谷プライム）の裏側の壁面に、イベント参加者（通りすがりの一般人）の影を投影したのである。ただ映すだけでなく、参加者の動きによって、その影が巨大化したり、ドラゴンに化けたりする。ときには参加者の影が大きな手足の影につぶされそうにもなる。まさにユーザー参加型の動く巨大OOH（屋外広告）である。

1日の通行人が20万人とも50万人ともいわれる渋谷の街を、広告の〝メディア〟として活用しようという試み自体は、とくに目新しいものではない。渋谷の目抜き通りのビルボードを赤、黄、青の3色からなる色面構成ビジュアルでジャックした「SMAPキャンペーン」（2000年）をはじめ、gooの検索ワードランキングで上位にランクインしたワードのTシャツをつくり、それをアルバイト学生に着せて1日中街を練り歩かせた「gooキャンペーン」（2004年）など、すでにさまざまなトライアルがなされている。そういったイベントの模様がテレビに取り上げられれば、2次的なマス露出が見込めることから、話題になるイベントを実施できるかどうかが、キャンペーンの成否を握るカギとなる。渋谷は広告クリエイターも〝遊べる〟街なのだ。

「BIG SHADOW」もそういった試みのひとつと考えていいだろうが、これがそれらの先行キャンペーンと異なるのは、OOHにインタラクティブな仕組みを取り入れているところだ。まず、参加者の動きに反応してビジュアルが変化するところからしてインタラクティブなのだが、さらにこの影の一部は、ウェブサイトからリアルタイムで操作で

「BIG SHADOW」

「BIG SHADOW」ウェブサイト（上）と参加者の様子（下）

きるようになっている。その場に居合わせない人たちも、イベントに参加できる仕組みが用意されているのである。つまり、ビルの壁に巨大な影を映すリアルな体験と、離れた場所からその〝ビジュアル〟を描くバーチャルな体験を、ひとつのイベントのなかに〝インテグレート〟したのである。

伊藤のいう「インテグレーテッドキャンペーン」と、いわゆる「クロスメディア」はここが決定的に違うのだと思う。メディアを組み合わせて用いながら、どのメディアと接触したユーザーにも、同じアイディアから生まれた同質の体験を提供し、ブランドに深く接してもらう。「BIG SHADOW」なら、渋谷の街頭でもインターネットでも、ゲームの世界を体験できたように。

ここで強調しておきたいのは、インタラクティブな体験を重視する「インテグレーテッドキャンペーン」においては、かならずしもテレビがキャンペーンの主役になるというわけではない。ここがまた、これまでの広告のルールとかなり異なる。テレビの告知力はいまだ圧倒的だが、コミュニケーションそのものは視覚的で一方通行なため、フィジカルな体験をプロデュースすることが不得手なのだ。つまり、個々のユーザーと〝深い関係〟になることが、テレビのコミュニケーションでは難しい。テレビは〝ゆきずりメディア〟である。

想像していただきたい。遊園地にいけば手に入る体験も、アトラクションの模様を15秒のCMにしてオンエアするだけでは、視聴者には実感としてその楽しさの半分も伝わらないだろう。もちろん、楽しそうな〝感じ〟は伝わる。そこが、インタラクティブの提供する体験とテレビが提供する体験の違いだが、デジタル技術が高度な発展を遂げ、「BIG SHADOW」のようなリアルな遊びの体験を広告がプロデュースできるようになったいま、〝映像を流しつづける箱〟としてのテレビは、メディア単体の仕組みとしてはいくぶんシンプルだ。だが、そのわかりやすさがテレビの強みでもあり、「広く告げる」という意味の〝広告〟としてコミュニケーションを成立させるためには、テレビをうまく活用する必要がある。マスとデジタルの特長を生かし、いいカップルのように互いをカバーしあうメディアプランニングが不可欠なのだ。その際、テレビもただ流すのではなく、ほかのメディアとインテグレーテッドしたときに生きる、オリジナリティのある使い方が求められる。

インタラクティブだからこそ、目立つビジュアルを：「REC YOU」（2007年）

話は変わり、ここではインタラクティブコミュニケーションにおけるクリエイティブ

（表現）とはいかなるものかを考えたい。伊藤は、インタラクティブコミュニケーションについて、本来的な意味の「相互作用」にもとづくコミュニケーションととらえているようだが、現状では「ウェブのもの」と受け止められていることが多いようだ。そのせいか、インタラクティブを用いたキャンペーンでは、斬新で強力な「仕組み」（たとえば「Twitter」やら「ＳＮＳ」やら）に目がいくあまり、「表現」が忘れ去られることが多いようである。伊藤も講義で指摘しているが、現在のインテグレーテッドキャンペーンをめぐる議論は、「仕組み論」に終始しているきらいがある。しかし、コミュニケーションであるからには、表現を無視していいというものではけっしてない。

本来、「表現」と「仕組み」は切り離して考えることができない。たとえば、ぼくらが人に好意を伝えるのは、「笑顔」（表現）であり、それを生み出すものが顔の筋肉の動き（仕組み）だとすれば、顔の筋肉の動き（仕組み）だけ論じることには意味がない。実際に人のエモーションを動かすのは、「笑顔」（表現）である。つまり、コミュニケーションは仕組み（ロジック）で割りきれるほど、単純ではないのである。単に「笑顔」（表現）といっても、そのときの状況や心情によって、爆笑から苦笑いまでさまざまなニュアンスがあるわけで、クリエイターとは、ミッションに応じてそこを巧みにコントロールしながら（最適な仕組みの上に表現を乗せながら）、コミュニケーションを生み出すことができる人たちのことである。
その意味で、伊藤はまさに〝クリエイティブ〟ディレクターだとぼくは思う。先ほども、「Nike Cosplay」の表現の緻密さについて少しばかり述べたが、彼の表現への〝こだわり〟を改めて痛感したのが、2008年のカンヌ国際広告祭でも金賞を受賞したソニー・ウォークマンの「REC YOU」だった。
「REC YOU」についてぼくは、『インタラクティブ広告年鑑 JAPAN INTERACTIVE ADVERTISING ANNUAL -09』(インプレスジャパン刊)にこう書いたことがある。

「REC YOU」――このキャンペーンのコアは、なんといってもあの〝顔〟である。リズムに合わせてヘッドバンキングしているかと思えば、いきなりカッと目を見開いて歌い出す、顔、顔、顔のインパクト。コッテリしているようでノッペリした、どことなく無国籍で、そのクセ妙に感情豊かな表情。「キモい」のギリギリ一歩手前。あの〝デジタルコーラス〟はいちど見たら脳に沁みる。

「REC YOU」を見たことがない人は、いったいどんな表現だと思われるかもしれないが、いま改めて見なおすと、やはり「表現」が「仕組み」に負けていないという印象をもつ。

「REC YOU」ウェブサイトトップページ（上）とコンテンツページ（下）

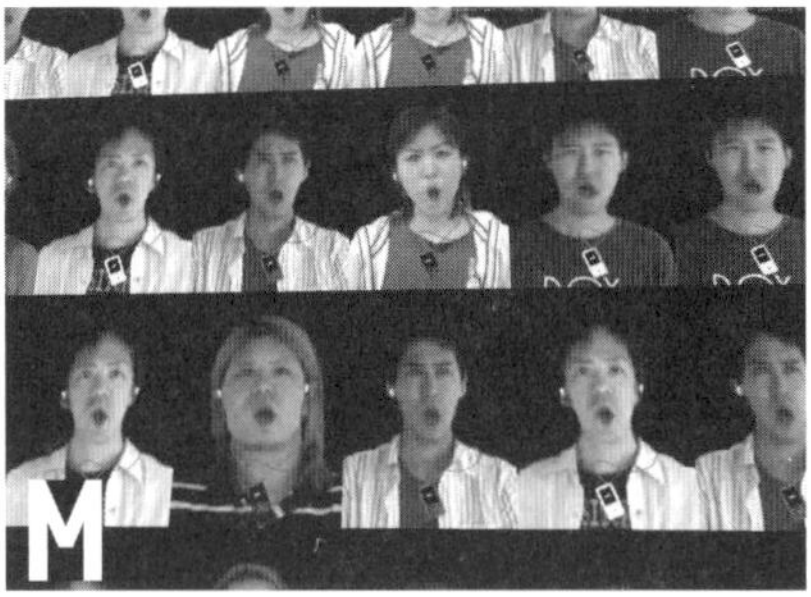

「仕組み」が新しくパワフルなものであればあるほど、「表現」にもこれまでにない新しさが求められるのかもしれない。15秒や30秒で勝負するテレビCMでは、「おもしろい！」とか「なるほど！」といったロジックを、より説得力あるものにするタイプの表現が力を発揮しやすいのだが、見る側が自発的にその映像を選択できるウェブ広告の場合、人の生理に直接働きかける表現のほうが、ハマるケースが多いのではないかという気もする。「なんか見ちゃうんだよね（意味はよくわからないんだけど……）」という感覚を受け手のなかに生み出せるかが重要なのだ（もちろん、テレビCMのなかにもこういった表現を核に据えた傑作はたくさんある）。

「REC YOU」は仕組みもおもしろい。自分（他人でもOK）の顔をデジカメで撮って送ると、その顔がデジタル処理され（つまり、前述のヘンな顔になり）、ウォークマンのサイトで勝手に歌いはじめる。しかも、その〝歌う顔〟はネット上で見られるだけではなく、テレビCMでも流れることになっており、自分や友だちの〝CMデビュー〟をワンセグREC機能のついたウォークマンで録画しようと商品体験をうながす企画なのだ。さきほど、オリジナリティのあるテレビの使い方について述べたが、こういったインタラクティビティの高いCMプランニングは、インテグレーテッドキャンペーンならではだと思う。

この〝歌う顔〟はモーションポートレイトという技術を導入することで実現したそうだが、どんな表情にするかは、伊藤みずから実演しながら（歌いながら）決めていったそうだ。以前、取材した際に「ちょっと恐くてドキッとするような、生死をさまようデスマスクみたいな顔を見い出していったんです」と話していた。たしかに彼のいうとおりのいままで見たことがないような強烈なビジュアルに仕上がっている。

そこで思い当たったのだが、伊藤の手がけたキャンペーンは、インパクトのあるビジュアルイメージを打ち出すものが多い。「Nike Cosplay」にせよ、「BIG SHADOW」にせよ、そのキャンペーンタイトルを聞くと、1枚のイメージ画が鮮やかに脳裏に浮かぶ。おそらく、企画の方向性が定まった段階で、メインビジュアルを設定しているのだろう。そうすることで、キャンペーンをひとまとまりのものとして印象づけようとしているのではないかと推測する。というのも、インテグレーテッドキャンペーンは、さまざまなメディアをコネクトするため、複雑で理屈っぽいものになる傾向があり、言葉（コンセプト）と同時にビジュアルで、キャンペーンの方向性を示しておく必要があるのだ。そうすると、逐一言葉で説明しなくてすむし、ウェブからグラフィック、テレビCMまで、幅広い現場で作業するスタッフが共通のイメージをもちやすい。それができていると、フィニッシュの段階においても安心してディテールをつめることができる。そのほうがコミュンケーションがはやく、強度のあるキャンペーンになることはいうまでもない。

キャンペーンそのものをPR：「LOVE DISTANCE」（2008年）

「BIG SHADOW」（2006年）「REC YOU」（2007年）で、みずからの方法論を進化させた伊藤は、2008年にはハンゲームの「人生の半分は、ゲームだ。」と相模ゴム工業「サガミオリジナル002」の「LOVE DISTANCE」という、ふたつのキャンペーンを手がけている。ハンゲームの「人生の半分は、ゲームだ。」については講義内での本人のコメントを参照していただくことにして、ここでは「LOVE DISTANCE」について触れたい。

これはいろんな意味で画期的なキャンペーンだった。遠距離恋愛中のカップルを〝タレント〟として起用し、このふたりがクリスマスイブに再会するまでを描こうという企画なのだが、1ヶ月におよぶキャンペーン期間中、それぞれが住んでいる東京（女性）と福岡（男性）から、お互いをめざしてふたりを毎日ひたすら走らせたのである。そして、ふたりが激走する模様を1ヶ月間ウェブで実況中継したのだ。専用サイトでは徐々に（ほんとちょっとずつ）近くなっていくふたりの距離がリアルタイムで表示されるだけでな

http://www.youtube.com/user/LoveLove002m

「LOVE DISTANCE」キャンペーンサイト

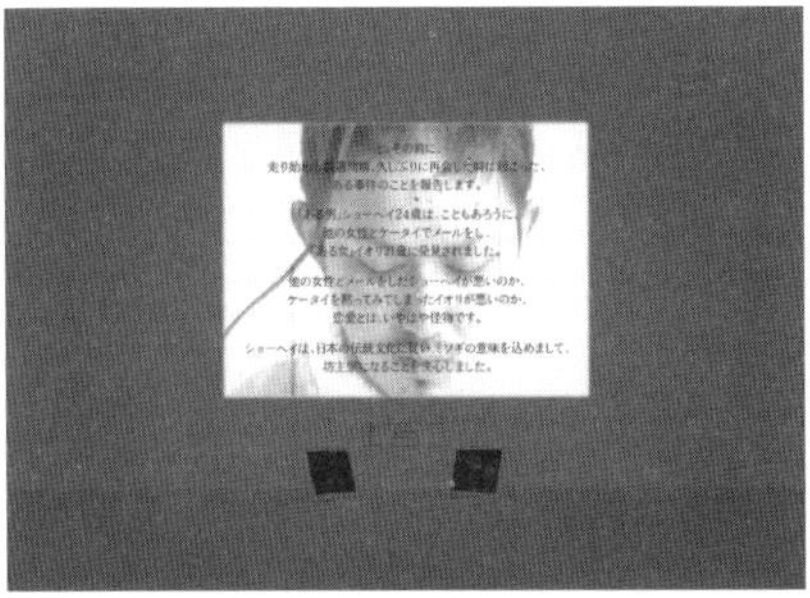

く、カップルのブログやメールなども公開。キャンペーンのあいだユーザーは、ハラハラしながらふたりの行方を見守ることになった。

カップルをひたすら走らせるという発想がすごいが、もうひとつ「LOVE DISTANCE」が画期的だと思うのは、キャンペーンの最後の最後までクライアント名を明かさなかったことである。大阪城の前でついに出会ったふたりが抱きあい、メーターがゼロになった一瞬ののち、なぜか距離が「0・02」に戻り、そこで「0・02ミリ、世界最薄」というメッセージが入る。愛には適切な距離が必要だと訴える、コンドームの広告だったわけだ。

テレビCMでも、それがなんの広告であるかを伏せて、最後に「なるほど」というオチを用意するパターンはよくある。が、「LOVE DISTANCE」のように1ヶ月かけて商品に落とす〝超長尺CM〟は世界にも例がないだろう。

ほかにも、サイトを男性用と女性用に分け、男性ユーザーは彼氏側、女性ユーザーは彼女側の様子だけ見られるようになっていたり（ただし性の選択は自己申告。女性として登録すれば、男でも彼女側を追うことはできる）、「LOVE DISTANCE」には走るカップルに感情移入（疑似体験）するためのいろんな仕掛けや工夫がてんこもりなのだが、それにもましてこのキャンペーンがユニークなのは、キャンペーンそのものをPRする戦略を周到に練り、キャンペーンサイトに人を呼びこもうとしたところだ。

まず、出演者を募る段階で〝求人バイラル〟を実施。約700万人の会員をもつ「girlswalker.com」や雑誌『Tokyo graffiti』、西日本新聞などに、「遠距離恋愛中の男女、スポーツに自信のある方、出演料200万円」と銘打った求人広告を出稿した（この雑誌や新聞の使い方も、「REC YOU」のテレビの使い方同様オリジナリティがあっておもしろい）。それだけでこの変わったイベントの存在はけっこうな数の人たちに知られたはずだが、それ以外にも、PR会社を動員してのプロモーションを積極的にしかけ、「LOVE DISTANCE」はテレビ番組やYahoo! ニュースなどでも取り上げられた（もちろん、クライアント名は伏せたまま）。キャンペーンの存在を人の〝口の端に乗せる〟ためのプロモーション活動は、テレビCMの大量投下を前提としないキャンペーンにおいては有効だと想像される。毎日走りつづけたふたりが出会う感動の一瞬やそれにつづく強烈なオチも、見てもらえなければ意味がないのだ。

ちなみに「LOVE DISTANCE」は、ウェブでの展開以外に、1ヶ月間のドキュメンタリーの内容をまとめた総集編的なCMもオンエアし、これが2009年のカンヌ国際広告祭フィルム部門で金賞を受賞している（PR部門でも受賞）。漏れ聞くところでは、グランプリも争ったそうだ。この受賞のもつ意味は大きい。なぜなら映像広告を審査するフィルム部門は、仕組みではなくアイディアや表現を評価するカテゴリーだからだ。インタラクティブ広告を対象としたサイバー部門などでは、ここ数年、日本勢の活躍が目立っているが、フェスティバル中もっとも注目度の高いフィルム部門は、日清カップヌードル「hungry?」が1994年にグランプリを受賞し、翌々年に同じく日清カップヌードルの「SEAFOOD NOODLES」が金賞を受賞して以来低迷がつづいており、「LOVE DISTANCE」の受賞はまさに13年ぶりの快挙なのである。

なぜ、「LOVE DISTANCE」がフィルム部門で高く評価されたのだろう？　おそらく「愛には適切な距離が必要だ」というコアアイディアが、世界中のどんな国の人にもわかるものであったこと。そのメッセージを人間的な共感性のある表現に託して、鮮やかに伝えたこと。理由としてこのふたつが大きいと思う。「LOVE DISTANCE」の受賞は、広告というコミュニケーションが、その本質の部分ではいまも昔も、そしてこれからも変わらないということを改めて教えてくれた。

テクノロジーがどれだけ進化し、仕組みがどれだけ複雑になろうと、広告のテーマはつねに「正しくおもしろく伝える」ことだ。そのことを知る伊藤直樹は、120パーセント〝真っ当〟な広告クリエイターである。みなさんも、そこをふまえたうえで彼の講義にのぞんでほしい。

第1講

「インタラクティブ」のルール

伊藤

インタラクティブなコミュニケーションとは

みなさん、こんにちは。きょうから3回にわたって、広告コミュニケーションの組み立てや考え方、企画の仕方などについて、とくに「インタラクティブ」といわれるものに注目しながら、お話をしていきます。

講義では、おもにぼくから課題を出して、企画を考えてもらい、それを講評するなかで、ぼくのふだんの仕事のやり方や考え方などを紹介していこうと考えています。どうか、最後までよろしくおつきあいください。

さて、第1回めから事前に課題を出しておきましたが、みなさん、考えてきましたか？

【課題1】クリエイティブディレクター伊藤直樹に〝質問〟してください。

こういう課題を出しておいたのにも、じつはちゃんとした理由があるんです。

冒頭に「インタラクティブ」といいましたが、ぼくは純粋な意味でのインタラクティブ、つまり相互作用を用いたコミュニケーションをベースにして、テレビやOOH（屋外広告）といった多くのメディアをインテグレート（統合）するキャンペーンを手がけています。インタラクティブを活用することで、広告やコミュニケーションの新しい可能性を開拓することが、ぼくの基本的な考え方であり、目標なんです。

念のために断っておくと、ぼくのめざす「インタラクティブなコミュニケーション」とは、ウェブのコミュニケーションだけを意味するものではありません。たしかに重なり合う部分もあるのですが、基本的には、いま話したように「相互に作用する」くらいのフラットな意味でとらえています。

ですから、講義というコミュニケーションの場でも、120分間、ひたすら一方通行的にぼくがスピーチするようなスタイルは取りたくないんです。

インタラクティブというものを理解してもらうことが、この講義の目的のひとつなのだから、どうせなら講義の形態もインタラクティブにしたほうがわかりやすいでしょう？　そう考えて、きょうはみなさんとのやりとりを交えて、フレキシブルに講義を進めることにしました。

とはいえ、このクラスにはいま30人近い人数の生徒がいますから、まったくのゼミ形式にして、みんなでディスカッションするというわけにもいかない。それで講義の1回めは、みなさんがどういうことを学びたいと思っているのかを知り、ぼくのものの考え方の基本的な部分を知ってもらうために〝質問〟を受けることからはじめようと考えたわけです。

質問って、インタラクティブなだけでなく、すごくクリエイティブな行為だと思うんですよね。訊ねることで、相手の答えをつくり、コミュニケーションをつくるわけですから。

ぼくらのふだんの仕事でもそうなんですよ。オリエンテーションや打ち合わせでも、クライアントに対して、的を射たことを訊けるかどうかで、アウトプットがずいぶん変わってきます。それくらい質問する力って、とくに広告をつくるような仕事をしている人にとっては大切なんです。

質問する前にこんなことをいうと、プレッシャーになっちゃうかもしれませんけどね（笑）。いま心のなかで「ヤバい……」と思っている人は、これからの話の流れをよく見きわめながら、質問内容を適当に調整してもかまいません。それもまた、インタラクティブですから（笑）。

インタラクティブは〝お化け屋敷〟

伊藤　では、さっそく訊いてみましょう。どなたからいきましょうか。じゃ、Oさんから。

生徒O　ぼくはウェブ関係の仕事をしているのですが、ふだん仕事をしていても、インタラクティブを広告のなかのどういう位置で扱うべきなのか、あるいは、インタラクティブを使ってどういうコミュニケーションをすべきなのかが自分でもいまいちつかみきれていなくて、なんだかモヤモヤしたものを感じているんです。

伊藤さんなりの「こういうコミュニケーションをつくる局面で、インタラクティブが生きる」という法則のようなものがあれば、教えていただきたいのですが……。

伊藤

いい質問ですね。この講義のいちばんのテーマでもあるところです。

よく例に出すのは〝お化け屋敷〟ですね。インタラクティブを使ったコミュニケーションは〝お化け屋敷〟に似ていると思うんです。

みなさんのなかで、富士急ハイランドの「最恐戦慄迷宮」にいったことがある人はいますか？（5、6人ほど手があがる）そこそこいますね。あれは世界最長のお化け屋敷らしいんですけど、ものすごくおもしろいんです。なぜなら、入場者の行動や心理をきちんと考えたうえで、かなり綿密に演出がデザインされているからなんですよ。

お化け屋敷はどこもそういうつくりになってると思うんですけど、入ってちょっと進むと、うす暗かったり、冷やっとした空気が流れていたりして、なんとなくコワそうな雰囲気がただよっていますよね？　で、彼女連れの男なんかが強がって、「たいしたことないや」なんていってると、いきなりなにかが飛び出してきてパニックになったりする（笑）。「最恐戦慄迷宮」は、そのサプライズのコントロールが絶妙なんです。

外に出てきたとき、女の子だと泣いちゃったりしてるんですけど、もちろん悲しいわけでも、コワくてどうしようもなくなったわけでもない。カタルシスを感じて泣いているんですよ。「あ〜、コワかった！　でも、おもしろかったね」と満足できるように計算されているんです。

つまり、お客さんに対してこちらから働きかけ、そこで起こった行動に対してさらに働きかけ……と相互関係をつくり出していくことで、カタルシスのある〝体験〟を提供している。こういうものがインタラクティブを用いたコミュニケーションの基本だとぼくは考えています。

でもね、簡単そうに見えて、これがじつはけっこう大変なことなんです。

試しに「お化け屋敷」をつくるときのことを考えてみるとわかると思います。想像してみてください。もし、「お化け屋敷をつくってほしい」といわれたら、みなさんならどうしますか？

ビックリさせる仕掛けを、ひたすら連発すればいいというものでもないですからね。ずっと驚かせっぱなしだとお客さんが疲れちゃって、外に出たときにカタルシスを感じられないでしょう？　そこのところは、〝受け手〟のことをよく考えて、演出しなくてはいけないんです。

これは想像ですが、たぶん実際にお化け屋敷をつくるときも、最初はコンセプトメイキングから入っているはずです。たとえば、「廃墟と化した病院で起こった惨劇」といったバックグラウンドを考え、そこにストーリー性をもたせて起承転結を設定する。そのうえで、仕掛けをつくるわけです。

もちろん、個々の仕掛けには、意表をつくようなアイディアがないとダメでしょうし、仕掛けのタイミングがズレてしまうと驚いてくれませんから、歩く速度や期待感の高まりを考慮して、空間デザインにも周到に気を配る必要があります。

つまり、相当緻密な計算にもとづいてプランニングしないと、「最恐戦慄迷宮」のような話題になるお化け屋敷をプロデュースすることはできないんです。これは、お化け屋敷にかぎったことではなく、遊園地のアトラクション全般にもいえることだと思います。

これからの広告は、この〝遊園地のアトラクションづくり〟に似たものになっていくと思うんですよ。カタルシスのあるさまざまな〝体験〟を受け手に提供することで、企業やブランドとの〝つながり〟を深めてもらったり、メッセージを感じてもらったりして……。そうでなければ伝わらなくなったということもありますが、そのほうがずっとよく伝わるんです。頭でわかるだけでなく、身体で感じてもらうわけですから。

いわば、どういう〝お化け屋敷〟にすれば、きちんと伝えたいことが伝えられるのかという目線で、広告の企画を考える時代になりつつある、ということです。そして、そのベースにあるのが、〝体験〟のプロデュースというコミュニケーションであり、インタラクティブというコミュニケーションの形態なんです。

〝体験〟を提供した「BIG SHADOW」

伊藤　インタラクティブなコミュニケーションを使って体験を提供した具体例としては、ぼくが手がけたマイクロソフトXboxのゲームソフト「ブルードラゴン」のプロモーション「BIG SHADOW」がわかりやすいでしょう。

商品である「ブルードラゴン」は、自分の影をあやつりながら敵と戦うという内容のゲームでした。それで、渋谷の道玄坂にあるビルの壁面に大きな影を投影して「影遊び」をするという屋外広告をやろうと考えたんです。

バカでかい影ですよ。ビル近くの駐車場に設けたステージに立って身体を動かすと、45メートルもある壁面に大きな影が浮かび上がるんです。手を振れば、大きな影も手を振りますし、飛び跳ねれば、大きな影も飛び跳ねる。

「BIG SHADOW」

文字どおりのインタラクティブです。

しかも、ただの影遊びではなく、ある動作をすると影が変形して、巨大なドラゴンの姿になる……といった演出も設けました。ゲームのなかで実際にそういうシーンがあるので、それにちなんだのですが、これはなかなかウケてましたね。

じつは、壁面に映った影は、ステージ上の人間を強い光で直接照らし出したものではなくて、一度、コンピュータにシルエットを取り込んで、4台のプロジェクターを使って、投影しなおしていたんです。だから、ごく自然に、シームレスにかたちを変えることもできたのですが、参加者は、たまたまそこを通りかかった、なにも事情を知らない人たちでしたから、驚いていましたね（笑）。人間のかたちをした自分の影で遊んでいたら、なんの前ぶれもなく急にドラゴンになったりするんですから、そりゃそうでしょう。

でも、こうやって途方もなく大きな影で影遊びをすることで、ゲームの主人公と同じ体験ができるんです。こういうことは、これまでのいわゆる広告ではなかなか難しかったところです。それが、インタラクティブというコミュニケーションの仕方を前提にすれば可能になるんです。

見る人の〝行動〟をつくる

伊藤　さあ、ではつぎの質問にいきましょうか。Hさん、どうぞ。

生徒H　いまお聞きした「体験をプロデュースする」という発想は、ぼくにはとても新鮮なので、けっこうビックリしているんですけど、そういう企画を考えるときに、伊藤さんはどんなことに気をつけているのですか?

伊藤　大事なのは、受け手がその広告に接したときの反応を想像することでしょうね。グラフィックであれ、テレビCMであれ、どんな広告をつくるときにもあてはまることだとは思いますが、インタラクティブを用いる場合は、そこが命といっていいくらい重要です。
　ぼくが企画するときには、ほとんど自分をなくしちゃって、受け手になりきりますね。たとえば、ハンゲームの「人生の半分は、ゲームだ。」というキャンペーンでは、テレビCMやケータイ向けのプロモーションと同時に、渋谷の街にある建物の壁面に身体の半分がめり込んだかのように見える人形を設置したのですが、そのときもまるで自分が女子高生であるかのような気持ちになって（笑）、「キモーイ」なんていいながら、写メを撮って友だちに送るんじゃないかな、とか、いろんなことを想像しました。

そうやって広告に接した人がどう思うかを徹底的に検証するんです。そのイメージが的確にできないと、うまく伝わるか、どのくらい話題になるかといった肝心なところが読めません。

けど、そのあたりの勘所がわかるようになると、受け手の反応をあらかじめ予測して企画に盛り込むことができるようになります。つまり、人の行動をデザインするというか、ある種の「空間導線」を企画のなかに埋め込むことができるようになるんです。

これは、なにもいまにはじまったことではなくて、昔から優秀なアートディレクターはそういう能力に長けています。駅貼りのポスターをつくるときでも、そのポスターをただおもしろくしようとするのではなく、駅に来た人がそれをどういうふうに見て、どういうリアクションをするかという「導線」を意識したうえで表現を考えているんです。ビジュアルをつくると同時に、見る人の行動をつくっているんですよ。

フラッシュ制作者も同じです。ウェブサイトのなかでのユーザーの導き方をデザインしているという意味では、「空間導線」を設計しているといえるでしょう。

ぼくの場合は、それを個々のメディアでの表現だけでなく、メディアとメディアのあいだの「導線」としても考えたりしますね。表現や仕組みのアイディアを練りながら、メディアを想定したうえで「空間導線」を設計するんです。それらがうまく噛み合ったときに、ようやくカタルシスを感じられる体験を提供できるんですよ。

はっきりいって、相当手間のかかる、かなり面倒な作業です。従来の広告制作になじんでいる人には、厄介な作業に思えるかもしれませんが、本当に伝わるコミュニケーションをつくろうと思ったら、そういう方向にいかざるをえないんじゃないでしょうかね。

生徒H　そうなるとクリエイターに求められるものも、かなり変わってくると思うのですが。

伊藤　そのとおりですね。これからのクリエイティブディレクターが果たす役割は、建築家に近いかもしれないとぼくは思っているんですよ。インテグレーテッドキャンペーンの企画なんかは、とくに家づくりに似ていると思う。

建築家は、家の立地条件や周囲の環境なども考慮しつつ、住む人の利便性や快適さを考えて階段や窓の位置を決め、いっぽうで建物としての美しさも追求しますよね？　広告にも同じようなことが求められつつあると思うんです。

階段や窓の位置を考えるのは、「空間導線」を設計することに近いものですし、建物のデザイントーンはいわば世界観であったり、コンセプトであったりします。トイレや居間といった個々の部分は個々の部分で、それぞれ十分に役割を果たしていますし、それを統合した全体としても、ひとつの大きな役割を担っている。

いってみれば、レイヤー視点をもって考えるということですが、今後は広告クリエイターにも、これまで以上にそういった視点なり、取り組み方なりが求められるようになると思います。

実際に、インタラクティブコミュニケーションを活用して広告業界で活躍している人たちのなかには、大学などで建築を学んできているような人が増えていますよね？　彼らは、そういう目線で物事をとらえることに長けているんです。

では、つぎ、どなたか、質問ありますか？

生徒M　いま話されていた〝企画を考える部分〟のことなのですが、伊藤さんは企画を練るときは、基本的にひとりで考えられるのですか？

伊藤　下準備というか、アイディア出しの時点では、わりとひとりで自由に考えていくことが多いでしょうかね。さっき話したみたいに、受け手になりきって、気持ちや価値観を見きわめたりして……。

3回の講義のどこかで話すつもりですが、最初はまずコアとなるコンセプトを探すところからはじめることが多いと思います。インサイトといってもいいかもしれないけど、簡単にいえば、商品との関係のなかで受け手に共感してもらえるポイントを探すんです。

それが見つかれば、伝えなくてはいけないことやメッセージがはっきりしますから、世の中とのコミュニケーションを成立させるのに、なにが必要かも見えてくるんですよ。

これはあくまでぼくの主義なんですけど、最大のよりどころは自分がしてきた〝経験の記憶〟です。

といっても、けっして大げさな〝経験の記憶〟じゃなくていいんです。むしろ、日常のふとした瞬間に感じたことというレベルの記憶ですね。水を浴びたときに、爽快かと思ったら、けっこうイヤな驚きを感じたとか、さっきの「BIG SHADOW」なら影遊びをしたときの素朴な楽しさやなつかしいような気持ち。そういうものを頼りにしながら、広告しようとしている商品と向き合ったとき、受け手のひとりとして、自分のなかにどういう気持ちや価値観があるのかを、ずっと掘っていくんです。

するとＩ「ああ、こういうことをいってもらえたら、思わず膝を打つな」というある種の発見がある。そういうものが見つかるまで、ひたすら自分を材料に考えていきます。

そう考えても、ふだんから、ふと感じたことや、なにかに対して起こった自分のなかのささいな反応なんかをきちんと見つけて覚えておくことは、ぼくらのような仕事では相当大切なことだと思いますね。〝経験の記憶〟は、一種のアイディアデータベースのようなものですから。

でも、ずっとひとりだけで考えつづけていくと、間違えることがあるんですよ。つい視野が狭くなって読み違えるというか、想像しきれないというか……。

だから、日頃からまわりの人の反応は、けっこう気にしています。きょうも話しながら、さっきからみなさんの様子をうかがってるんですよ。講義が終わって家に帰ってからも、風呂のなかで、みなさんの反応を思い浮かべていろいろ反省すると思います。「あそこの帽子をかぶっていたヤツ、話を振ったのに全然反応しなかったな。クソッ」なんて（笑）。それは冗談としても、そうやってまわりの反応を材料にして、考えを育てていくんです。

打ち合わせのときなんかは、当然、まわりのスタッフの反応も気にしていますね。

たとえば、いまこの部屋が企画会議の場だとして、ぼくが自分の考えたアイディアを発表したとします。そこで全員が盛り上がるような企画は、間違いなくいいアイディアで、いい広告になるんです。

でも、そう簡単に全員が盛り上がるわけじゃない。帽子をかぶったヤツがひとり、「うーん……」と煮えきらない顔をしているかもしれませんよね（笑）。企画者は、その反応を見逃してはいけないんです。そこに企画を改善するためのヒントが隠されていますから。

ぼくは打ち合わせのときに、全員がおもしろがるものが出るまでは、企画を決めないことにしているのですが、それはそういう理由があるからなんです。とにかく、全員からいい反応が出てくるまで、会議をつづけます。

とはいえ、スタッフのなかでも若い人は、なかなか正直にものをいいづらいでしょうし、話すのが苦手で本音を口にしない人もいます。そういう人には、ぼく自身が根掘り葉掘り質問する。質問すれば、反応がわかるでしょう？そこから問題点が見えてきますから。

そうやって企画をブラッシュアップしていくんです。プレゼンテーションのときも同じですね。一方的に説明して企画が通れば、それでいいというわけじゃない。たいていクライアントの担当者は、いろいろな反応を見せています。「これはビミョーだぞ」という表情をしている人がいるかもしれない。「納得できないところがあるけど、ま、いいか」と思っているかもしれない。

そういうときも、こちらから質問するんです。疑問点をひとつひとつ、つぶしていく。そうすることで、自分の見落としていた部分が見えてきて、企画はどんどんよくなる。

参考までにお話しすると、先ほどの「BIG SHADOW」をはじめとして、ぼくが手がけた仕事には、けっこうアイディアが奇抜なものが多いからか、よく人から「どうやって企画を通しているんですか?」と訊かれるのですが、そこでも質問がカギを握っていますね。

提案を受け入れてもらえないときは、なぜダメなのか、どこが受け入れられないのかと訊ねるんです。そして、その答えをふまえて、企画を改善します。

もちろん、軸となるアイディアの部分をブレさせてしまっては意味がありませんから、質問を通じて相手が感じていることや事情をよく聞き出したうえで、企画者としてゆずれる範囲で「ここをこう改めます。どうでしょうか?」と落としどころを見つけていく。そうすれば、無理強いをすることなく、アイディアをちゃんと生かして企画が実現できるんです。

要するに、相手の反応をうかがったり、質問したりすることも企画作業の一部なんですよ。質問する力がついてくると企画もうまくできるようになるんです。

だから、きょうはその練習のつもりで、遠慮なく、ぼくをいじってください（笑）。引き出したもの勝ちです。そのための質問の機会ですから。

じゃ、つぎ、Dさん、いきましょうか。

大統領をつくったインテグレーテッドキャンペーン

生徒D　ウェブの広告はテレビなどに比べて、圧倒的に見る人が少ないと思うんです。そのせいか、「広告としての力は、マス広告に比べて圧倒的に劣る」という意見をよく聞くのですが、そこのところについては、伊藤さんはどうお考えですか？

伊藤　まず強調しておきたいのは、いわゆるウェブ広告とインタラクティブを用いた広告は、かならずしもイコールではないということですね。

一般的に、バナー広告のクリック数やウェブサイトのPV（ページビュー）を考えると、数字の上だけなら、ウェブ広告の影響力は、テレビCMに比べて低いかもしれません。けど、インタラクティブを用いたインテグレーテッドキャンペーンのなかには、マス広告をしのぐパワーをもった成功事例がいくつも出てきているんです。

例としていちばんわかりやすいのは、やっぱりバラク・オバマの大統領選キャンペーンでしょうね。オバマのPRチームは、公式ウェブサイトで選挙資金を集めただけでなく、TwitterやFacebookといったインタラクティブツールを巧みに用いることで、メッセージを効果的に発信し、草の根の選挙運動を盛り上げました。

そして、オバマフィーバーが最高潮に達した投票日前日に、とどめを刺すように30分のインフォマーシャルをテレビで放映したんです。アメリカ各地を訪れたオバマが、そこに住む人びとの声に耳を傾け、ディスカッションをする……という一見地味な内容のものだったんですが、それにもかかわらず、全米で3000万人以上が視聴したといわれています。

いっぽうで、対立候補のマケインは、巨額の資金にものをいわせて、派手にテレビCMを流した。にもかかわらず、オバマに勝てなかったわけです。

もちろん、オバマの打ち出した政策への期待感やスピーチのうまさ、カリスマ性といったものが彼を勝利に導いたに違いないのですが、あのコミュニケーション戦略がなければ、オバマは民主党の候補者指名選挙でヒラリー・クリントンにさえ負けていたかもしれない。事実、選挙戦がはじまる前は、そういう予測が大勢でしたよね?

でも、ふたを開けてみると結果は違っていた。オバマ陣営のキャンペーンには、かなりの効果があったと考えるのが妥当でしょう。

このキャンペーンはね、さっき話した「空間導線」の設計もうまいんですよ。たとえば、オバマへの献金はひと口20ドルからという、だれでも払えそうな少額に設定されていました。しかも、ウェブから簡単に寄付できる。つまりハードルが低いから、すぐに参加できるんです。

けれど、寄付した人たちは、少額とはいえ、「自分たちはオバマを支えているんだ」と感じるわけですよ。当然、サポーターのひとりとして、友だちや家族にも積極的にオバマのことを話すでしょうし、ブログに書きこんだり、「Twitter でオバマの情報をフォローしたりもするでしょう。使ったツールがどうというよりも、そこの設計がインタラクティブなんです。

ほかにもあのキャンペーンには、オバマのサポーターを増やすさまざまな仕組みが用意されていました。随所にインタラクティブなコミュニケーションを盛り込んで。億単位の人びとに、希望に満ちた〝オバマ体験〟を提供することができたのには、オバマ陣営からの一方的な情報発信ではなく、そうやって、インタラクティブをベースにしたキャンペーンを展開したことも大きかったんじゃないでしょうか。

広告的に見ても、オバマの魅力を人びとにきちんと伝え、ブレイクさせたという意味で、インテグレーテッドキャンペーンの歴史的成功例といえるかもしれませんね。

すべてはビッグアイディアの発見から

生徒A　大統領選のキャンペーンはスケールが大きすぎて、うまくイメージがわかないのですが……（笑）、身近なものの場合でも、けっこうキャンペーンのプランニングって、複雑だと思うんです。
　とくにインテグレーテッドキャンペーンの企画なんかだと、メディアの組み合わせも考えなくてはいけないでしょうし、正直なところ、どこから考えればいいのか、わからなくて……。具体的にどこから考えていけばいいんでしょうか？

伊藤　大統領選のキャンペーンは、インテグレーテッドキャンペーンというものを考えるうえではヒントがたくさん詰まっているんですけど、たしかに大きすぎる話ですね（笑）。それに、実際には、日本とアメリカではカルチャーも違いますし、政治に対するモチベーションも異なりますから、日本で同じことをやってもうまくいくとはかぎらないと思います。

いま質問いただいた「キャンペーンを具体的にどう企画していくか」「キャンペーンを通じて、どうやってコミュニケーションを取るのか」といったところについては、2回めの講義以降、みなさんに実際に企画書を書いてもらって、個々のアドバイスを通じて、考え方のポイントをいくつか明らかにしていこうと思っています。

そのうち、いちばん重要なことだけを、きょうここで話すとすれば、企画のよしあしは、やはりビッグアイディアで決まるということでしょうかね。ビッグアイディアというのは、企画のコアになるアイディアで、さっき話したキャンペーンのコンセプトにあたる部分です。

ぼくの仕事でいうと、ハンゲームのキャンペーンだったら「人生の半分は、ゲームだ。」がビッグアイディアです。「BIG SHADOW」なら、「影遊び」でしょうか。いわば、企画の中心、真ん中の部分。

まずは、そこを見つけることです。それがなければ、なにもはじまらない。

そのうえで、ビッグアイディアを囲むようなイメージで、メディア展開の仕方や、コピー、デザインといった表現などのキャンペーンを構成するすべてを考えていくんです。

いってみれば、ビッグアイディアは家の大黒柱のようなものですね。実際のキャンペーンでは、それぞれのメディアでの表現しか世の中に現れてこないわけですから、そこのところは目には見えないんですけど、すぐれたキャンペーンには、真ん中のところにかならずしっかりしたビッグアイディアがあるんです。そこがしっかりしているから、メッセージにもブレがないし、いろんなメディアを使って、いろんな表現をしても、ひとつのキャンペーンに見える。本当に伝えたいことが、ちゃんと伝わるんですよ。

組み立てを考えていくときのポイントとしては、周辺（メディアや仕組み、表現）で、真ん中（ビッグアイディア）が語られているように仕向けることです。ちょっと抽象的なんだけど、いろんな表現や体験のプロデュースによって、真ん中の部分が浮かび上がるようにもっていくんです。

そのためにぼくの場合は、キャンペーンの組み立てを考えたり、個々のメディアでの表現を考えたりするときには、周辺をグルグルまわって考えては真ん中の部分に戻り、また周辺をグルグルまわって考える……というように、たえず頭のなかで「周辺」と「真ん中」をいったり来たりしながら、真ん中の部分がいえているかどうかをチェックします。

いえていないとすれば、メディアの使い方が間違っているのかもしれないし、そもそもメディアのチョイスが適切でないのかもしれない。もしかしたら、表現が不十分なのかもしれない。体験の提供の仕方が違っているのかもしれない。そういったことを、客観的に評価しつつ、進めていくんです。

ハンゲームのときは、「人生の半分は、ゲームだ。」というビッグアイディアを決めたあとで、このコンセプトでCMをつくったらどうだろう、街中でゲリラ的な施策をやるとすればどういうものがいいだろう、どういうメディアが必要だろう、といった問いを重ねていきました。

その結果、きちんとメッセージが伝わるようにしようと思ったら、これが

「人生の半分は、ゲームだ。」テレビCM

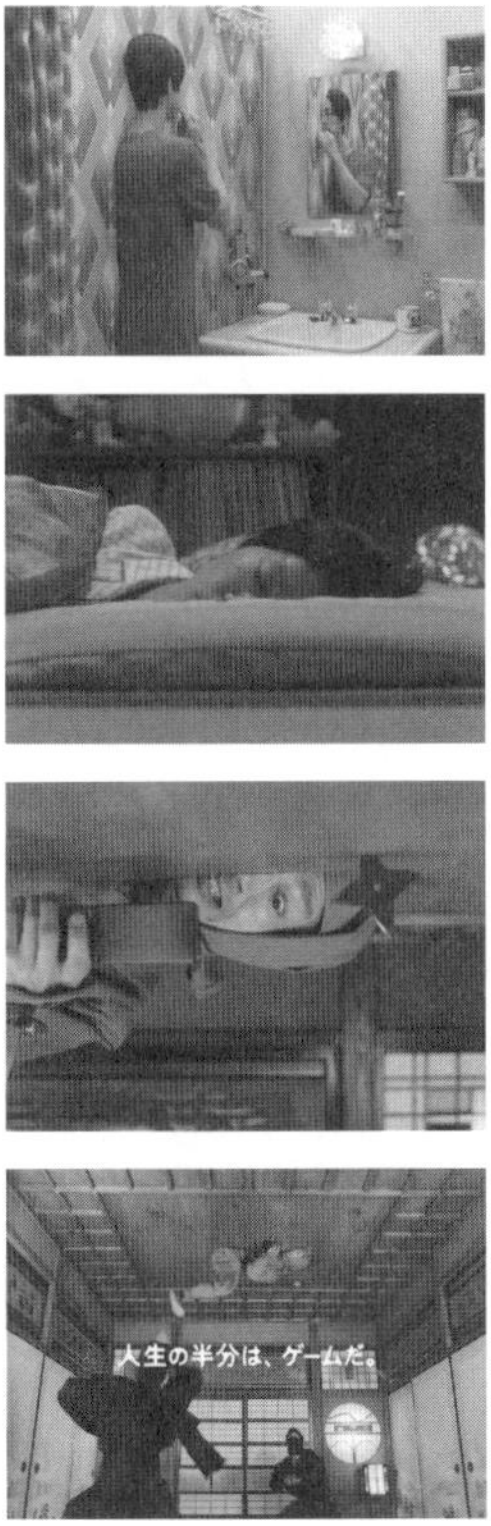

「人生の半分は、ゲームだ。」ハン人形（上）と車内ステッカー（下）

「人生の半分は、ゲームだ。」ハン顔診断ゲームのハン顔

必要だろう、として生まれたのが、野菜や動物などとユーザーの顔が合成される「ハン顔診断」のケータイゲームであり、電車内に貼った「ハン顔診断」のステッカーであり、半身だけ忍者になって必死でケータイでゲームをしている男を描いたテレビCMであり、ビルの壁に半身をめり込ませた「ハン人形」だった、ということです。

人の口の端に乗る「3行」

ただ、そこで注意しなくてはいけないのは、ビッグアイディアがシンプルなものになっているかどうか、というところですね。すべての中心になるものであり、コアメッセージでもありますから、考え抜いて、ムダを削いで、ひとことでいえるくらいところまで整理しておく必要があるんです。

企画会議の席で、若いスタッフに考えてきたアイディアを話してもらうと、説明にずいぶん時間がかかったり、それでも結局よくわからなかったり、ということがあるんですけど、そういう状態じゃ不十分なんです。まだ考えが整理しきれていなかったり、考え抜けていなかったりする。

目標は、3行で企画書のサマリーのようにして書けるところまでシンプルにすることですね。相模ゴム工業の「LOVE DISTANCE」なら「遠距離恋愛中の男女ふたりを、出会うまで実際に走らせる」。シンプルだからそこからいろんな展開もできるし、シンプルだからブレないんです。

それに、シンプルだと、わかりやすい。テレビCMなんかでもそうですが、メッセージがシンプルなものは、すぐに理解できますし、腑に落ちやすいでしょう?

もうひとつ、ビッグアイディアがシンプルになっていると、人の口の端に乗りやすくなるんです。なにかと話題にしやすいし、話題にしやすければ、それだけ広がっていきやすくなります。

かつて『広告批評』を主宰されていた天野祐吉さんが「広告は評判をつくるもの」とおっしゃっていましたが、評判をつくろうと思ったら、口の端に乗りやすくしてやらなくちゃいけないんです。「LOVE DISTANCE」を「男の側と女の側の両方から、走っている様子をウェブで中継するんです」とか「PCでは男の側とか女の側とか、片方の応援しかできないんです」なんて話しても伝わらない。複雑な話は、広がっていきにくいんですよ。

でも、シンプルでわかりやすいと、話題にもしやすいし、ウェブだとブログなんかにも取り上げてもらいやすくなります。クチコミも起こりやすい。

あと、ここのところで大きな違いが出るのは、プレスリリースですね。なにか新たなアクションを起こしたりするときに、いろんな企業がマスコミにプレスリリースを送ると思うんですけど、これはマスコミの編集者の側から見れば、毎日、膨大な量のプレスリリースが届くということなんです。忙しい彼らは、いちいち内容を精読したりしないでしょう。きっとタイトルや見出しで、読むべきかどうか決めたり、取捨の判断をしたりするはずです。

でも、プレスリリースって、意外とそこが形式的だったり、複雑なことことか、ひとりよがりなことが書いてあったりするんですよね。それでは記事と

「LOVE DISTANCE」キャンペーンサイト

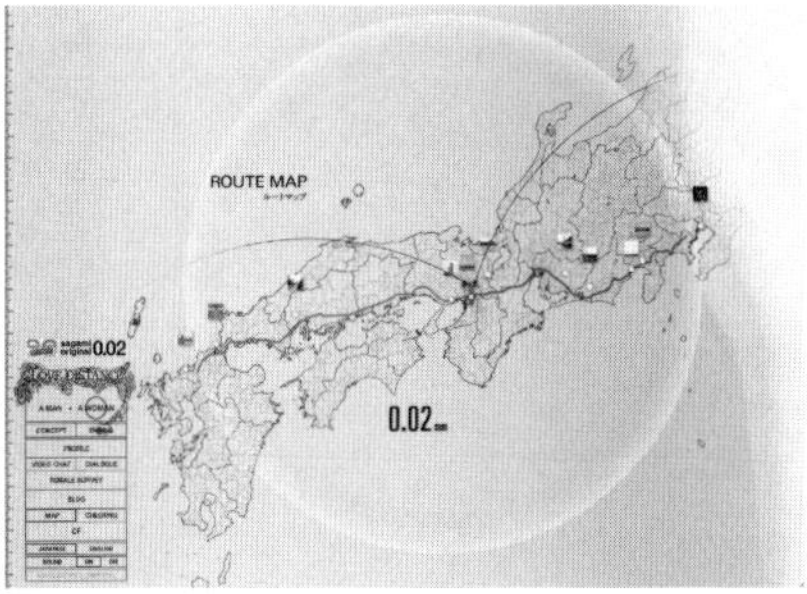

して取り上げてもらえるはずがない。

ぼくはそこにもっと気をつかうべきだと思うんですよ。広がっていくことを考えるなら。記事になれば、新聞だって、何百万人もの人に見てもらえるわけだし、ウェブのニュースでもYahoo! JAPANなんかだと、トップページに載れば相当な数の人に見てもらえます。それを見て話題にする人が出てくれば、さらに広がるわけでしょう？

前置きが長くなりましたけど、シンプルなビッグアイディアは、キャッチコピー化して、このプレスリリースのタイトルや見出しの部分に生かせるんです。そこにマスコミが反応して取り上げてくれれば、ブレなく、理想的な話題づくりができますよね？

これは余談ですが、ぼくはプレスリリースというものは、キャンペーンにとって本当に大切なひとつの表現だと思っていますので、安易に人にまかせたりせずに自分で書くようにしているんです。

ときには、プレスリリース用に新しいキーワードをつくることもありますね。「LOVE DISTANCE」では、遠距離恋愛中の男女が、長い距離を走って再会してゴールする日までクライアント名を伏せるという一種の〝作戦〟をとったのですが、ここをつかまえて「ブラインドブランデッドエンターテインメント」と呼んだのも、もとはといえばプレスリリースのためでした。

それくらい真剣に取り組むんです。とくにタイトルや見出しは、広告のキャッチコピーですから、ふだんコピーを書くときと同じように、目を引くように伝わるようにと真剣に考えて書きます。いまの時代は、そうでもしなければ、なかなか取り上げてもらえないし、話題を広げていくのは難しいんですよ。

というところで、つぎの質問にいきましょうか。じゃ、Fさん。

ウェブ広告はマス広告に劣るのか

生徒F　クリエイティブな質問になっているかどうか、ちょっと自信がないのですが

(笑)、インテグレーテッドキャンペーンを企画するとき、伊藤さんはテレビとウェブの配分のバランスを、どのように考えておられますか?

　というのも、私はつい最近まで、ユニクロの「UNIQLOCK」が世界的に評価されていることを知らなかったんです。もしかしたら、広告業界で働いていないからかもしれないとも思ったのですが、何人かの業界の友人に訊いてみても、全員が知っているというわけではありませんでした。

　けど、テレビでやっているユニクロのヒートテックのCMは知っているんです。そう考えると、やっぱりウェブによる広告コミュニケーションには限界があるのかなと思って……。

伊藤　なるほど。「UNIQLOCK」だと、ブログパーツを貼っている人は、いま世界で6万人弱でしょうかね(2009年8月時点)。でも、見たことがある人となると、おそらくその何十倍、あるいは何百倍でしょうから、認知という点では、それなりの数になるだろうとは思います。
　日本国内でも『POPEYE』や他の雑誌、メディアでも特集記事が組まれたりしていましたよね？　その読者もいるし、そこからさらに広がって……と考えると、認知度が低いわけではないと思うんですが、Ｆさんのおっしゃるとおり、大量にオンエアされている、たとえばソフトバンクのＣＭなんかと比較すると、そこまでではない。たしかにそうです。「犬のお父さん」はウチの母親でも知っていますからね（笑）。

カンヌ国際広告祭でグランプリを獲ったこともあって、世界の評価としては、「UNIQLOCK」はオバマのキャンペーンとも比肩しうるくらい、広告として革命的だといわれているんです。クリエイティブのクオリティもきわめて高い。それでも世の中に知られていない。やっぱりウェブでの広告には力がないのか——ということでしょうけど、その気持ちはわからなくもありません。

ただ、ソフトバンクのＣＭと「UNIQLOCK」は、どちらも広告キャンペーンではあるんですが、並べて語るわけにはいかないと思うんですよ。

ひとつには、コストのかけ方の違いがあるんです。ソフトバンクは何十億円という広告費をかけているはずですが、「UNIQLOCK」はおそらく何千万円というレベルです。

それに、ターゲット層へのアプローチの仕方も違う。絞り込んでリーチするという意味では、きっとウェブのほうが効率はいいはずです。要するに、テレビCMとウェブを使った広告とでは、役割が違うんです。勝ち得るものが違う。

認知を考えるなら、やっぱりテレビCMでしょうね。知らせるメディアとしては、いちばん強い。ぼくもそこには一目置いて、インテグレーテッドキャンペーンのなかでも別格扱いしています。

でも、情報量だったり、理解だったりという点では、ウェブのほうに分があると思うんですよ。インテグレーテッドキャンペーンを企画するときは、そういったそれぞれのメディアの特性をよくふまえて、伝えたいメッセージがどうすればうまく伝わるかと考えながら組み立てていくんです。認知に強いから、とテレビCMの比重をやみくもに大きくすればいいわけでもないし、

伊藤

これからはウェブだなどと変なこだわりをもつのもよくない。

そのときに知っておかなくてはいけないのは、どのメディアを使えば、どのくらいの人に届くのかという〝数字〟です。いいかえれば、なにをすれば、どのくらい話題になるのかがわかっているということ。いろんなメディアをインテグレートしようと思ったら、そこはふまえておきたい。

あとは予算との兼ね合いもありますね。なにをするのに、いくらかかるか。それがわからないと、やっていいことがわかりませんから、組み立てようがないんです。

〝化ける〟可能性があるのはＰＲ

とはいえ、昨今は広告予算がどんどん少なくなってきていますからね。どうしてもテレビＣＭの配分を減らさざるをえなくて、なかなか認知を稼ぐのが難しくなってきているのが実状です。

その代わりというわけではないのですが、最近、ぼくはPR会社に入ってもらって、キャンペーンそのものをプロモーションすることで、世の中に知ってもらうこともあるんです。

たとえば、「LOVE DISTANCE」のケースでは、ビルコムというPR会社と協力して、いくつかのPR戦略をしかけました。その成果のひとつが、キャンペーンのことを取り上げたニュース記事のYahoo! ニュースへの掲載です。Yahoo! JAPANには、1日で約15億PVのアクセスがあるとされています（2009年7月現在）。もちろんサイトを訪れた人すべてがこの記事を見たわけではありませんが、掲載されるだけで相当数の認知をうながすことができるんです。

記事がブログに取り上げられて、そこからクチコミが起こることも少なくない。ぼくらはキーワードによってブログへの掲載数を調査しているんですが、実際にこのときは飛躍的に記事投稿数が増えていましたね。

もうひとつの大きな成果はテレビです。テレビ朝日系のお昼のワイドショー番組「ワイドスクランブル」では、キャンペーンについての特集が組まれたりもしました。

この番組は、視聴率が約5パーセントですから、ほぼ500万人の人たちが見てくれた計算です。しかも時間にして8分。ここまで来ると、テレビCMと同等か、それ以上の効果がありますよね。

こういうやり方のなにがすごいかというと、メディアコストがかかっていないんです。ニュースはあくまで記事だし、テレビの特集にしても、テレビ局が自分たちでつくったコンテンツです。対価を支払って載せてもらったり、枠を買って放送してもらったりしたわけじゃない。コストパフォーマンスは、圧倒的にすぐれています。

それにこうやって露出をさせていくと、〝化ける〟可能性が高まるんですよ。広告代理店なんかだと、テレビCMにせよ、ほかのメディアにせよ、どのくらいのことをすれば、どのくらいの成果があるということは、すでにデータとしてわかっているんですけど、それは逆にいえば、結果もある程度は読めてしまうということなんです。なかなか予想を超えて〝羽〟を生やして広がっていってはくれません。

でも、ニュースなんかを通じて、空気をつくったり、世の中に話題を提供したりしていけば、ある瞬間に急にドライブがかかることがあるんです。それが〝化ける〟ということですよね。PRにはその可能性があるんですよ。

インタラクティブは街を〝遊園地〟にする

伊藤　というところで、そろそろ、最後の質問にしましょうか。では、最後にBさん、どうぞ。

生徒B　伊藤さんのお仕事はどれもすごいと思うんですが、自分で手がけた仕事以外で、「これはすごい」「やられた！」と感じた広告やキャンペーンがあれば、教えてください。

伊藤　そんなの、いくらでもありますよ（笑）。ぼくはけっこうな広告オタクで、日本のものだけじゃなくて、海外の広告なんかも好きでよく見ているんですけど、「すげぇ」「その手があったか」と思わずうなってしまうことは、本当によくあります。広告賞の審査にかかわるときも、〝ジャッジ〟するというよりは、作品を見て研究しているというか、勉強しているようなところもありますからね。

そもそもぼくは、他人がつくった広告を見るときに、作品のすぐれているところを見つけて、そこを見つめることにしているんです。人間というのは厄介なもので、ともすると悪いところばかり見てしまうんですよ。「これは、もうちょっとこうしたほうがいいのにな」とか「ここがダサい」とか、ついそういうスタンスで作品に接してしまうんです。

でも、それじゃ、あまり意味がない。成長しませんから。

逆に、いいところを見ていければ、感性を磨けて、自分自身をレベルアップさせていくこともできるし、発想のきっかけを得られたりもします。これはぼく自身の実感ですけど、その後の企画にすごく生きてくるんです。

みなさんもこれから、いろんな広告を興味をもって見ていくことになると思うんですけど、ネガティブチェックのスタンスにならないようには気をつけたほうがいいでしょうね。努めて、いいところを見ていくようにする。それをおすすめします。

広告は本来いらないもの、なんてよくいわれますけど、文化として広告はみんなが必要とするものになれるとぼくは信じています。

きょうの冒頭で、お化け屋敷の話をしましたが、ぼくはインタラクティブコミュニケーションを使った広告には、街にそういうものをもち込める可能性があると思っているんです。みんなが必要としてくれる広告を、みんながいる場所に、です。

「BIG SHADOW」にしても、実際にやったのは1週間でしたけど、もしどこかで常設したら、けっこうおもしろがってもらえると思うんですよね。「ハン人形」にしても、ちょっとしたエンターテインメント性をもっているし、ああいうものが街にあれば、日常をもっと楽しくできると思うんですよ。

インタラクティブを使った広告には、単純な広告としての役割だけでなく、そうやって街を楽しくしたり、場合によっては文化をつくれる可能性もあるんじゃないかとぼくは考えています。実際に、いつもそのくらいの気概で企画を考えていますしね。

次回からは、みなさんにも企画を考えてもらうわけですが、ぜひそのくらいのつもりで課題に取り組んでください。

そのお願いをして、きょうの講義は、これで終わりにします。ありがとうございました。

第2講

「仕組みと表現」のルール

ヒントはごく日常の動作にある

伊藤　2回めの講義は、前回とは逆に、ぼくからの質問ではじめようと思います。といっても、難しい質問をするわけじゃありませんから、ご心配なく（笑）。
　1回めのぼくの話を聞いて、自分なりに学んだことや気づいたことを教えてほしいんです。じゃ、さっそく訊いていきましょうか。Iさん、どうでしょう？

生徒I　これからの広告コミュニケーションでは、〝体験〟がカギになるんだなと知って、納得しました。

伊藤　なるほど。〝体験〟ね。そうだと納得して、つくり手として、あるいは情報の発信者として、これからどうしていこうとか、考えましたか？

生徒I　はい。これまでも受け手となる人たちの受け止め方を想像しなかったわけじゃないんですが、やっぱり外側のところで終わっていたというか、内側に渦巻く気持ちや感覚の部分にまでは踏み込めていなかった気がするんです。そこをもっと見つめていかなきゃな、と反省しました。

伊藤　ありがとうございます。Kさんはどうですか？

生徒K　ぼくもIさんに近いですね。「〝体験〟を提供してあげる」のがこれからの広告だという考え方はとても新鮮でした。

伊藤　ほかに、なにか違ったことに気づいた人がいれば教えてください。

生徒T　（キャンペーンの）真ん中の部分、ビッグアイディアをまず見つけるとおっしゃっていましたが、周辺のところから発想されることはないのかな、とは気になりました。

たとえば、新しいテクノロジーとか、メディアとかに触発されて……みたいに。

伊藤　そのあたりは、きょう少し話せると思うんですが、それもないわけじゃないんですよ。前回の話は、あくまで原則というか、基本というか……ね。先にメディアに注目することも、ときどきありますね。

生徒T　そういう「どこからアイディアが出てもいい」くらいのスタンスの自由さがあるから、インテグレーテッドキャンペーンとか、メディアクリエイティブの分野では、日本が世界をリードできているんです。

それがアリならの話ですけど、いままでいえばTwitterのような、「これキそう！」とか「はやるんじゃない？」といわれているメディアを日頃から分析しておいて、いつでも武器として使えるようにストックしておく必要があるな、と思いました。

伊藤　あとは、やっぱり〝体験〟のお話です。あまり〝体験〟を意識して企画をしようと考えたことがなかったので、すごく驚きました。

なかなか頼もしいですね（笑）。いまざっと聞いてわかったように、「これからは、〝体験〟をつくることが重要だ」という共通見解は、みなさんのなかにできているようですね。

じつは、この〝体験〟をつくるときに、意識しなくてはいけないものがあります。「身体性」です。というより、インタラクティブコミュニケーションの基本には、「身体性」があるといったほうがいいかもしれません。

たとえば、ＰＣを使うときに、マウスを操って画面のなかのカーソルを動かしますよね。ふだんだれでも、当たり前のようにやっている動作なんですが、ここには、手の動きがリアルタイムでカーソルに反映されて、それを見てまた手を動かして、それがまたカーソルに反映されて……という相互のやりとりがあるんです。

要するに、身体的な動きに呼応して、なにかが起こる。これがインタラクティブということですし、そのやりとりを通じて、人は新たな〝体験〟をすることができるんです。

マウスにゴミが詰まったりして、カーソルの動きがぎこちなくなると、なんともいえない気持ちの悪さを感じますよね？　冷静に考えれば、カーソルは実在するわけじゃなくて、画面のなかの単なるバーチャルな画像にすぎないんです。でも、それをまるで自分の指先で触れているものであるかのように感じてしまっている。あれもインタラクティブによってもたらされた〝体験〟です。いま「うん、うん」とうなずいてくれた人たちは、ぼくと〝体験〟を共有しているんですよ。

だから、インタラクティブというと、ときどき相互の情報のやりとりとか、データ通信のようなものをイメージする人がいるんですが、実際はもっと感覚的であり、「身体性」に強く結びついたものなんです。

もちろん、スポーツのような激しい運動をともなうものでもかまわないんですけど、広告はふだんの生活のなかで訴えかけることが多いので、ドアを開けたりペンで文字を書いたりといった、ごく日常的な動作のほうがむしろ重要かもしれません。

いろんなインタラクティブ作品を見ていても、素晴らしいと思うものは、まさにドアを開けたときの感触や、ペンを走らせるときの書き心地みたいなものがインターフェース上に見事に再現されています。

そういう作品をつくる人と仕事の進め方やデザインに対する考え方についで話し合ってみるとわかるのですが、だいたい、表現の詰めへのこだわりが半端じゃないんですね。

　こういうと、自分はプログラムを組めないから表現のディティールまではコントロールできないとか、フラッシュ制作者じゃないのでフィニッシュにタッチできないという人が出てくるかもしれませんが、そんなことはないんです。まずは企画段階で、どういった体験を受け手に提供できるかをよくイメージする。そのあとで、トライアル・アンド・エラーを何度も重ねていってはじめて、身体に心地よく伝わるものがつくれるんです。努力のたまものなんですよ。

　ぼく自身も、フィニッシャーではありませんから、自分で直接手を動かしてインターフェースをデザインしているわけではありません。でも、プログラマーやフラッシュ制作者とのやりとりを重ねながら、フィニッシュにもっていく作業には、かなり力を入れて取り組んでいます。

　企画の際の自分のイメージをきちんとかたちにするため、ということもありますけど、そこまで細かくやらないと、受け手の感覚に訴えかけられるコミュニケーションにはならないんです。

きょう講評していくみなさんの企画は、企画書という書面でもらっていますから、フィニッシュの詰めを問うことはないのですが、でも、本当はそういうものだとは知っておいてください。

では、そのあたりもふまえつつ、とくに「体験」や「身体性」に注目しながら、みなさんの企画書を見ていきましょうか。

企画書にはビジュアルを

【課題2】クライアントがナイキであると仮定して、ストリートスポーツをテーマに、東京で展開するインタラクティブコミュニケーションを活用した広告キャンペーンを企画してください。ただし予算は3億円とし、制作費や媒体費などに関する見積もりも添付すること。

伊藤

今回出してもらった企画は、みんな、なかなかいい出来だと思いました。みなさん、企画もできるし、見積もりも出せるんですね。全然ダメという人はひとりもいませんでしたよ。

残念ながらグレートな企画こそありませんでしたが、兆しを感じるものはいくつかあったので、ぼくが気になった企画を中心に講評していきましょう。

まず、いちばん惹かれたものから。Kさんの企画「FLY TOKYO」です。この企画は、キャンペーンのコンセプトをしっかり立てて、ビジュアルもきちんと想定しているところがいいと思いますね。

メインの表現はふたつ、です。ひとつは、渋谷の上空にスケートボーダーの人形を飛ばして、空でストリートスポーツを楽しんでいるように見せるというもの。これは渋谷で空を見上げる感じを、体験としてイメージできているところが素晴らしい。

いつもは狭いスペースでスケボーなんかをやっている人たちの気持ちをスッとさせる解放感がありますし、スポーツの快楽がうまく表現できている

生徒K

と思います。「地上に自分たちの遊ぶ場所がなければ、空でやっちゃえばいいじゃん」的な感じが伝わるんです。ナイキのキャンペーンというからには、やはりスポーツの楽しさがビジュアルで表現できていないとね。

もうひとつは、渋谷ハチ公前のスクランブル交差点を大きなスケート用のスペースというか、パークというかに見立てて、大型ビジョンとか、駅の屋根の上とか、そういう〝ありえない場所〟にスケートボードを楽しむ人形を配置するというものです。これも街を歩いている人たちの目を引くでしょうし、ありふれた日常のかたわらでスポーツを楽しもうというストリートスポーツの醍醐味が伝わりますね。街全体が盛り上がりますよ。

あとは「FLY TOKYO」というキャンペーンタイトル。これもなかなかいいと思います。この企画はどういうところから思いついたんですか？

子どもの頃、どうやって先生の目を逃れて好きなことをするかが、自分なりの重要なミッションだったのを思い出して……。空なら自由に遊べるんじゃないかと思ったのが企画のきっかけです。

生徒作成の企画書：「FLY TOKYO」（一部分）

伊藤直樹教室・第二回課題

キャンペーンタイトル

FLY TOKYO
飛んでやれ、東京。

考えたこと
渋谷は好き。人ごみは嫌い。
交差点で空を見上げると、ビルのでこぼこの上の巨大な空白に圧倒される。
駅の屋根を滑走し、大画面の上を飛翔する。
そんなキャラクターなら都市のヒーローになれるはず。

キャンペーンのコア
　都市の上空を滑走するスケートボーダーを、街にいる人に見上げてもらう。さらに、いっしょに飛んでいる気分を味わってもらえたら、素敵！

そこで─

　渋谷駅ハチ公広場と大ビジョンがおりなすサイケな空間を「スケートボードパーク」と見立てる。スケートボーダーの人形を作り「渋谷駅」というロゴの上や、地下鉄入り口の上、屋外ビジョンの上などに配置する。普通ではありえない場所に、本物よりも躍動感にあふれた造形で。数体の人形が、連続したムーブメントを形作り、駅から滑り降り、加速して、ビルの壁を上昇し、渋谷の空へと舞い上がるイメージを作りこむ。
　屋外ビジョン上のスケートボーダーにはカメラが仕込まれていて、ケータイサイトでリアルタイムの映像（＝いまの渋谷を上から見下ろした図）を見ることができ、全ての人に渋谷の人ごみの上空にいる気分を味わってもらえる仕組みを構築。
　渋谷上空で遊ぶ「彼（ら）」をキャンペーンのコアに据え、効果的に他のメディアへ展開していく。

イメージとメッセージについて
　「飛んでやれ」といったって、飛べるか？　飛べません。けれども、飛べるのでは、と一瞬でも思わせるところがみそです。不景気ですし、解放感にあふれるイメージは、人々の心をとらえやすいはず。Just do it 東京キャンペーン第一弾の「やんちゃでいよう」的なメッセージから「やればできるさ」というニュアンスへシフト。10代、20代のかっこいいものが好きだけれど日常では綺麗にまとめてしまう普通で多数の男性を応援。スポーツの習慣がなくてもナイキの商品なら「がんばれるお守り」と感じられるようなところをあらためてアピールします。
　スケートボードにした理由は、都市を滑空するイメージがいかにも爽快そうなので。また、W+KLABOから出ているHIFANAの Skateboard が心底好きで、ぜひ音楽として使いたいということもあります。(KEIZO machine!　のパフォーマンスが最高です）。

伊藤

なるほど。目のつけどころが、なかなかいいですね。

この企画は、インタラクティブ的な視点でもよく考えられているんです。空を飛んでいる人形目線のカメラをつけて、それをウェブで見られるようにするんですよね？　つまり、渋谷の街を歩いている人たちが、空に浮かんでいる人形を見つけて「ワオッ」と驚くOOH的な体験と、ウェブ経由で渋谷の街をバードビュー的に楽しむ体験がセットになっていて、この設計の仕方はレベルが高いと思います。

ひとつ難をいうなら、企画書ですね。この企画を3行くらいで説明するとどういうことなのかをまとめたサマリーが冒頭にほしかった。企画書って文字が多くなりがちですからね。

大学の教科書なんかも、総論から入ってディテールを解説していきますけど、その総論の部分があると、プレゼンではクライアントに話が伝わりやすいと思います。総論がないと、その企画に対するイメージが定まらないまま読んでいくことになってしまう。

その意味では、最初にビジュアルをつけたのはいいと思います。こういうポンチ絵みたいなものでいいので、企画書にはかならずビジュアルを描いてほしいですね。

つぎは、Mさんの企画を見てみましょう。これは「としまえん」がプール開きをする前の水が入っていないカラのプールを使って、ストリートスポーツをやってやろうという企画です。

発想がユニークですね。それを撮影して、CGであたかも水のなかでストリートスポーツを楽しんでいるかのように見える演出を施し、ウェブ中継する、ってことですよね。いいと思います。ただ、あまりディテールが書かれてなくて、企画としてはちょっと粗いんですけど……。これはどこから思いついたんですか？

生徒M

「FFFFOUND!」（ウェブ上で見つけたお気に入り画像をレコメンドし、シェアできるフォトサイト。http://ffffound.com/）を見ていたら、水のなかにクマがいる写真があったんです。それがなんとなく運動しているように見えたので、こういうのはスポーツの

伊藤

広告に使えるんじゃないかなと考えました。それで、プールでなにかスポーツイベントをやるのはどうだろう、と思っていろいろ調べたみたら、「としまえん」で、プール開きの前に水が入っていないカラのプールを借りられることがわかって……。

さっきのKさんにもいったことですが、企画書には、そのクマの絵とか、写真とかをつけてほしかったですね。参考ビジュアルとして。

そうしないとプレゼンのとき、受け手にデザインや言葉のトーンが見えないし、イメージをしぼれませんから。企画書をつくったら、一度、これで相手に伝わるかな、と受け手の目で客観的に見なおしてみる。そういう習慣をつけるといいと思いますよ。

あと、この企画は、仕組みはよくわかるんですが、コンセプトの必然性やビジュアル、コピーまわりがいまいちわからない。「X WATER」（エックスウォーター）というキャンペーンタイトルをつけていますけど、この「X」ってなにを意味しているんですか？　かけ算の〝かける〟ということ？

生徒作成の企画書：「X WATER」（一部分）

NIKE X WATER <ナイキ エックスウォーター>

【テーマ】

水のないプールをプレイグラウンドとして「JUST DO IT. 東京 PARK 2009」開催。


【内容】

としまえんの園内プールが使用されていない今を利用して、ゴールデンウィークに NIKE のキャンペーン「JUST DO IT. 東京」を展開します。水のはっていないプール内でいつもと違ったスケートボードやダンスを体感できる場を提供します。

【JUST DO IT. 東京 PARK 2009 実施概要】
開催日時：2007 年 5 月 2 日（木）～6 日（日）10:00 ～ 17:00
開催場所：としまえん園内プール（西武池袋線「豊島園駅」より徒歩 1 分）
特設ウェブサイト：URL http://park.nike.jp（5 月 2 日開設）
参加費：ナイキアンケートにアクセスすると / 入場・利用 無料

<1>

NIKE X WATER

【ウェブでの展開】

公開されたウェブでは、水の中でスケートボードをやってるようなイメージサイトで展開します。

実際にはプールには水がはられていませんが、自分たちがプレイしてる映像に水の CG を組み合わせ、水の中でスケボーやダンスをしているように見せます。

イベント会場のリアルタイム（動画など）情報をブログなどでを公開し、掲示板などを設置してユーザーに参加してもらいます。


【インタラクティブ】

ユーザーはネット経由で水（CG）の流れを操作でき、会場にいなくてもイベントに参加できます。

例）波のプールエリアで波を起こすボタンをウェブにつくり、ボタンを押すと会場に CG の波がおきます。その様子はウェブで確認でき、また会場にもモニタースクリーンを設置し CG の波が起きた事を確認できます。


【ウェブイメージ】

<2>

生徒M　あんまり深く意味を考えていません。なんとなく響きがよかったので、かっこいいかと思って……。

伊藤　企画の発想そのものはおもしろいんだけど、「なんで水なんだ?」というところが腑に落ちないんですよね。そこをコピーで解決してほしい。そうしないと、見た人がメイクセンスしませんから。

響きがいいとおっしゃったけど、「X WATER」という言葉そのものは、たしかになんとなくよさそうなんですよ。でも、それはプロの言葉の感覚としてそう思うだけで、受け手にきちんと伝えようとしたら、「なんで水なの?」という疑問を起こさせる部分は、ボディコピーかなにかでフォローしなきゃいけない。そこがないと、「なんでナイキが水でスポーツ?」という部分でいまいちメイクセンスしきれない。腑に落ちないんです。

生徒M　そのフォローというのは、たとえば「水で遊べ」といったものでもいいんでしょうか? 「X WATER——水で遊べ」のような感じで。

伊藤　うーん、キャッチコピーとしてならいいと思うんだけど、「水で遊べ」でフォローしても、「なんで水で遊ぶの?」ということがわかりませんよね? 「水で遊べ」っていうと、ふつうは「暑いから」とか「夏だから」なんて思うけど、これ、実施時期が5月でしょ? 「じゃ、なんでナイキは水で遊べっていうの?」という部分が、受け手には理解できないと思うんですよ。なんとなくでもいいから、そこが感じられる工夫が必要だと思うんです。

たとえば、「プールのなかという、本来ストリートスポーツをやらないようなところでやるのって、スリルがあって楽しいんじゃないですか?」といったことがボディコピーに書いてあるだけでも、がぜんナイキがこのキャンペーンをやる意味が出てきますよね?

さっきKさんが「先生の目を逃れて」という話をしてたけど、あれもいい。小学校のプールに夜、忍び込んだことがある人、います? あれってある種、遊びの醍醐味ですよね。本当はやっちゃいけないことをそっとやってしまうところに、なんともいえない解放感や自由な感覚が生まれるわけでしょう? そこに人間の共感があるというか、ストリートスポーツのシズルがあると思うんです。そういうものを見つけて、「だからナイキは、今回だけ特別に、きみたちのためにプールを開放することにした」ともっていくと説得力が出てくるんじゃないでしょうかね。

つぎは、Tさんの企画。ナイキのスウォッシュマークを三日月に見立てたビジュアルがおもしろい。「三日月の夜に集まれ」というナイトイベントです。東京の住民を、無理やり北と南で分けて、「赤」と「白」の2チームをつくる。それが、バスケットボールやサッカー、野球、マラソン、アート、ミュージック&ダンスの、それぞれの競技で勝負するわけです。「そのストリートに、観客は必要か?」「そのバスケに、観客は必要か?」というコピーもなかなかいいし、アイディアも気を引きます。

実際にナイキは、2006年に「RUN LONDON」というキャンペーンをやっていて、ロンドン市民を住んでいる地域で分けて、マラソンで競わせたことがあるんですけど、ちょっとそれに近いですね。

生徒T　はい。それも念頭にありました。

伊藤　あ、知っていたんですか。うーん、「RUN LONDON」を知っていたのなら、こっちはもうちょっと変えてほしかったですね。

他の企画から学ぶのはもちろん重要なことですし、そこからヒントを得ることも否定はしないのですが、その場合は元のネタとは別次元の解決を提示する必要があると思うんです。

せめて、最初から「RUN LONDON の東京版」とあらかじめ銘打ったうえで、みんなが「これぞ東京ならでは」と納得できるような住民の区分けなり、バトルの仕組みなりを考えて、オリジナリティを出す必要があるでしょうね。

ビジュアル化は〝たとえ話〟

伊藤　では、つぎはNさんの企画を見てみましょうか。「もうひとつ上の次元へ。」というコンセプト。ピストバイクをテーマにした企画ですね。いきなりですけど、Nさんはどういう仕事をされているんですか？

生徒N　ウェブ制作会社で、ウェブディレクターをやっています。

伊藤　なるほど。だから、企画がこなれているんですね。とくにビジュアライゼーションのセンスがいいですよ。

たとえば、企画書の最初のほうで、鎖でがんじがらめにされたピストバイクのイメージビジュアルを載せてくれていますけど、これを見ればストリートアスリートは都会で抑圧されているんだな、と、ピンときますから。

こういうビジュアルをつけると、プレゼンテーションを受ける側はかなり具体的にコンセプトをイメージできるんです。この企画書はそこが素晴らしい。ビジュアルの下に説明をつけてくれていますけど、この絵を見れば読まなくともわかります。

伝えたいことが、たった1枚の絵に凝縮されているんです。それを思いつけるかどうかがかなり重要で、このセンスがないといい広告をつくるのは難しいかもしれない。

でも、わかりやすくビジュアル化すればいいってものでもないんです。

生徒N作成の企画書（一部分）

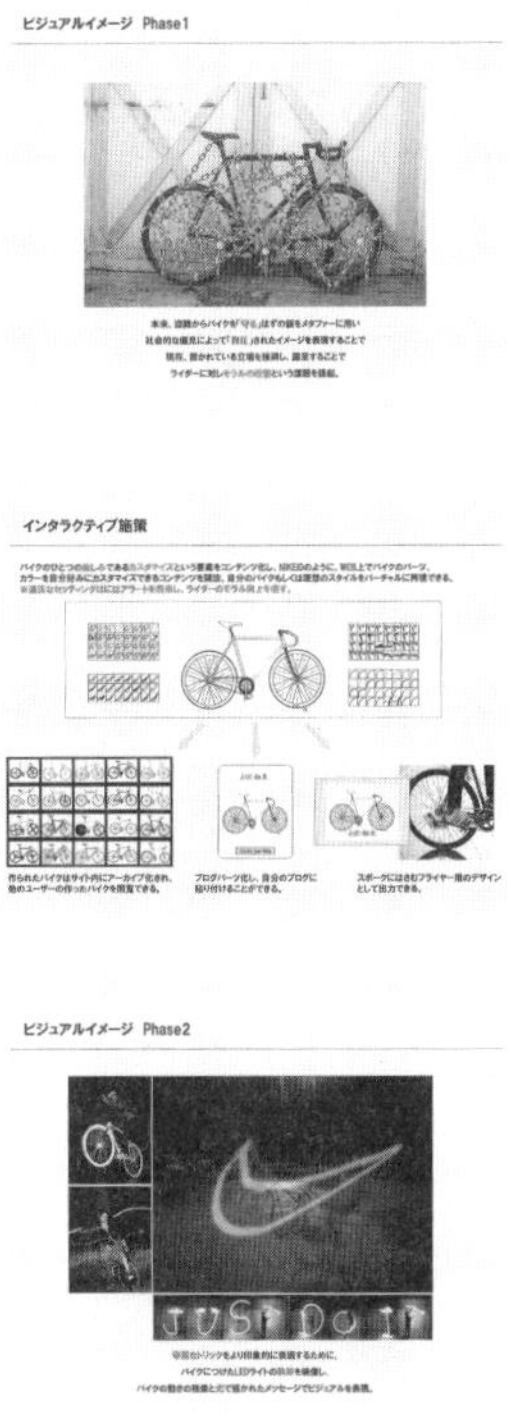

たとえば、ピストバイクにまたがっている人が「こらっ！　なにやってんの、そんなところで！」って警察官に注意されている写真を撮って使えば、ピストバイカーたちが抑圧されていることはすぐにわかるでしょうけど、そんなベタなビジュアルでは共感を得られないじゃないですか。

同じことを、どういう〝たとえ話〟として表現できるか、それも、ただたとえるだけじゃなくて、受け手に刺さる〝たとえ話〟になっているかが勝負なんです。ビジュアライゼーションひとつで、伝わり方はずいぶん違ってしまうんですよ。

ちなみに企画は、ピストバイクのカラーリングをNIKEiD（オンライン上でナイキ商品の素材やカラーを自分で選択し、カスタムメイドでオーダーできるサービス。http://nikeid.jp/）みたいに変えられるキャンペーンサイトをつくって、それを柱にしながら、いろんな施策を展開していく、ということですよね？　このなかで、ぼくがすごいなと思ったのは、自転車のライトで絵を描こうというアイディアですね。ライトの光の軌跡で、ナイキのスウォッシュマークを描いたり、メッセージを描いたりして、その動画をYouTubeで配信する。「スゴ技動画」と書いていますけど、これはきわめて身体的です。まあ、アイディアソースもわかるといえばわかるんですが……ね。「PIKAPIKA」（トーチカがおこなう、光の残像を使ってアニメーションをつくるプロジェクト。）ですよね？

生徒N　あ、そうです。ちょっと似過ぎかもしれないと思ったのですが……。

伊藤　いや、大丈夫でしょう。ここまでくると「PIKAPIKA」をうまく自分なりに消化して、別の次元にまでもっていっている。十分オリジナリティがあると思います。今回見たなかでは、Kさんの「FLY TOKYO」と張りあうくらいいいと思いました。

　いまアイディアソースの話が出ましたが、アイディアを考えるときには、いろんなことを参考にして考えればいいと思うんです。写真集を見てもいいし、本を読んでヒントを探してもいいし、ほかの広告作品を分析してみてもいい。

　なかなかゼロからアイディアなんて浮かばないわけですから、やっぱりいろんなものを目に入れて、そこから別の着想を得たり、アイディアに発展させていく必要があると思うんですよ。

それはパクリなのかというと、そうじゃないんです。「正当進化」という言葉がありますけど、新しいアイディアの多くは過去をふまえて、進化させたところに生まれます。きちんと発展させて、進化できていれば、そのアイディアはもうオリジナルなんです。

逆にいえば、「正当進化」として、別の価値を提示したり、つぎのレベルまで到達してないとパクリといわれても仕方がないんですが……。

さっきの「RUN LONDON」に似たナイトイベント企画の場合は、ちょっとそこが危うかったんですよね。でも、Nさんのこの企画は、十分クリアできていると思います。

ただね、ちょっと気になることを指摘すると、ナイキは自転車を売ってないんですよね。となれば、キャンペーンサイトで自転車をカラーリングすることの意味がうまく説明できないんですけど、そこのところはどうなんでしょう？

生徒N　自転車は売っていないんですけど、自転車用品のブランドが昔あった気がしたので、その意味ではアリかなと思ったのですが……。

伊藤　うーん、ちょっと無理があるような気がするんだけど……。まあ、企画の考え方としてはおもしろいので、いまはよしとしますが、実際にクライアントに提案するときは、そこのところはもっとシビアに考えたほうがいいと思いますよ。アイディアがおもしろくても、企業の側に必然性がないと実現は難しいでしょうから。

「はやらせるプラン」を考える

伊藤　Nさんの見積もりは、どの項目も1千万円単位で、けっこう大ざっぱに書いていますけど（笑）、でも1回めのプレゼンだとこのレベルでいいと思います。予算まわりをすごく細かいところまで全部調べて、イベント会場で出すお茶代まで計上してくれた人もいたのですが、そのあたりは仕事が決まってから詰めていけばいいと思いますね。

　プレゼンの段階では「なににどれくらいかかるんですか？」ということをかならず訊かれますから、その目安を示せればいいんです。ちなみにこれ、予算はどうやって調べたんですか？

生徒N　ウェブ以外の媒体を扱った経験があまりないので、まずざっくりとメディアを分けて、ウェブとか本とかで媒体費を調べたり、知り合いに訊いたりして算出しました。

伊藤　とりあえずは、これくらいで十分だと思いますね。スケジュールも申し分ない。

　あと足りないとしたら、「この企画は、どうやって世の中に広がっていくんだろう」という部分がイメージしづらいので、そこのプランを盛り込みたいところですね。

　クライアントはみんな気にするんですよ。「これ、すごくおもしろいんだけど、どうやってはやるんだろう？」とか「はやったらどうなっていくんだろう？」って。その流れをどこかでまとめてほしい。スケジュールのところでまとめてもいいし、もしくは「はやらせるプラン」みたいなものを別に用意してもいいかもしれません。

前回の講義で、ＰＲのことを少しだけ話したと思うんですけど、そこまで考えたいんですよね。キーワードでいうと「コンテクスト」。キャンペーンに文脈をつくらないといけない。これは重要です。

最初の「FLY TOKYO」がいいのは、あれだとなんとなく文脈がつくれそうな気がするんです。「なんだろ？ スケボーで空飛んでるよ」「コワーイ」「あれ、人形？」みたいなリアクションからはじまって、ケータイで写真撮ったり、それを友だちに送ったり、ブログにアップしたりという受け手の行動が見えるでしょう？ その先にまた別の「体験」が生まれますから、そこのところの流れや広がりも企画してほしいんです。残念ながら、今回は、その流れまで書いてくれている人はいませんでしたけど……。

あと、みなさん、メディアプランをいろいろ考えてくれていますけど、そこにもロジックがほしいんです。みんな、なんとなくで分けている気がする。いまの「はやらせる」ということとリンクしていて、世の中に広がっていくために必要な「体験」が提供できるメディアを、コンテクストを考えながら組み立てていかなくてはいけない。

広告には、どのメディアで、なにをどれくらいやったら、どれくらいはやるという一定の方程式があるんです。テレビCMをこれくらい打つと、これくらいの人にリーチするということがすでにわかってますから、そういうのもふまえて計算する。

こんなふうにはやらせていきたいから、テレビCMはこれくらい、バナー広告はこれくらい、OOHをやるにしても、渋谷だけでいいのか、あるいは横浜駅もやったほうがいいのか、八王子はどうするの……とかね。そのあたりをメディアプランのなかで語ってあげるんです。たとえば、Nさんの企画でいうと、いま雑誌広告の予算が2000万円になっていますけど、これは

生徒N　なぜですか？

伊藤　根拠はあまりありません。

そこはもう少し具体的にイメージしてほしいところですね。この企画では、どこのだれにこんなふうに伝えたい。そこからさらにこんな広がりや話題の波及を生み出したい。そのためには、こういうメディアを使う必要があって、なかでもこういう雑誌に、こういう広告を打つ必要がある。それがだいたい2000万円……って感じで。

それぞれのメディアでどういうことをやるのか、それらにどういう役割をもたせるのかということは、「はやらせるプラン」のなかでの位置づけをよく考えて、あらかじめイメージしておくところです。そういう意識があってはじめてメディアや予算の割り振りが効果的にできると思うんですよ。

でも、実際、そのあたりのデータなんかを把握してるのは、メディアプランナーや広告代理店の営業の人なんですよね。このメディアを使えばどれくらいの人が見てくれるか、もしくはどういうターゲットの人が見ているかということを、彼らは数字と肌感覚の両方でわかっているので、もし自分でわからなければ、そういう人たちの意見を聞くことがすごく大切です。

せっかくおもしろいアイディアを思いついて、クライアントにも提案が通ったのに、はやらせる術を知らないがために中途半端な結果に終わってしまうキャンペーンだってたくさんあります。そこに広告クリエイターと呼ばれる人たちがぶち当たる壁があるような気がします。

とくに「いいクリエイティブをしたのに、なんではやらないんだろう？広告が効かないんだろう？」と首をかしげるケースの多くは、この「はやらせるプラン」が十分に練られていないケースが多いですね。

いまはいい広告をつくるだけじゃなくて、それが知られるように、自分たちで仕向けていかなくちゃいけないんです。これもまた、これからの広告コミュニケーションを考えるうえでのポイントのひとつでしょうね。

重要なのは「考え抜いた痕跡」

伊藤　はい、じゃあ、つぎはSさんの企画を見ましょうか。Sさんはのっけから誤植をしていますね（笑）。これは、プレゼンだと「いきなり誤植かよ！」みたいな感じで、気まずい空気になっちゃうんで、きちんと見なおすようにしてください。

まあ、きょうはそこは置いておくとして、Sさんの企画は、「スポーツの跡を感熱紙で表現する」。これ、ぼくはすごく気になっていて、実際にどうやるのかをぜひ訊いてみたかったんですよ。そもそも、どうして感熱紙なんですか？

生徒S　前回の講義の帰りに買い物をしたんですけど、そのときレジでもらったレシートが感熱紙で、こすったような跡がついていたんです。それを見て、これをスポーツにリンクできないかなと思ったのがきっかけです。

伊藤　あと、少し前に海外で、街角のサッカーボールを蹴って〝壁打ち〟をした跡がロナウジーニョの顔になっている、という屋外広告があったのですが、それが好きで、なにか近いことができるんじゃないかな、と。

そこから、それまでずっと考えてきた企画をやめて、1時間くらいで考えてこれを書いたので、かなり雑な感じの企画書になってしまって……。それでこの誤植なんですね（笑）。でも、それまでずっと考えてきたものを思いきって全部捨てたところは素敵だと思います。

さっきから企画書の書き方についていろいろ細かく話しているので、なかにはきれいな企画書をつくればいいんだと誤解している人がいるかもしれないんですけど、体裁にはあまりこだわらなくていいんです。

それより〝考え抜かれた痕跡〟があるほうが大切です。この企画書には、その痕跡があります。もちろん、本当はビジュアルやコピーがあるともっといいんですけど、なくても考え抜いた感じはすごく伝わってきますから。

感熱紙を使うというアイディアはとてもいいですね。テクノロジーありきの企画なんですけど、こういうのはアリです。

前回の講義で、企画は真ん中の部分、つまりコアアイディアを考えるところからはじまるというお話をしましたが、別に周辺の部分がヒントやきっかけになってコアアイディアが生まれてもいいんですよ。Sさんは、感熱紙の「跡を残す」という技術特性から、「痕跡を残すという感覚がスポーツにはある」というコンセプトを、見事に見つけています。あとはそれを、どう表現していくかを考えていけばいい。

残念ながら、そこは企画書に書かれていないのですが、少なくとも、タグラインやコピーは知りたかったですね。もし、そこまで書かれていたら、今回は、この企画がいちばんよかったかもしれない。なぜなら、新しいから。

「FLY TOKYO」やNさんのピストバイクの企画は、少し〝デジャブ感〟がにおうんです。けど、Sさんのこの企画は、もっとオリジナルな感じがする。まだまだ粗いんですけどね。ところで感熱紙は、どうやって使うつもりなんですか？

生徒S　すみません、あんまり具体的に考えることができていないんです。感熱紙を使うと痕跡を残せるし、ポスターにしてみても、参加性もあって、表現が固定しないものになるからいいな、というところまでは考えたのですが、その先はまだイメージできていなくて……。それに、運ぶときにちょっと触っただけで跡がついてしまうので、実際にやるのは難しいかもしれません。

伊藤　その可能性はありますね。まあ、そう考えると感熱紙というよりも、跡を残すという部分に着目して、ほかの技術を使ってもよかったかもしれない。

スポーツにおける痕跡みたいなものという本質の部分を取り出せば、普遍性が見えてきますからね。アイディアの軸をブレさせずに、いろいろと応用ができるはずです。

Sさんが話してくれたロナウジーニョの顔がボールの跡で描かれた広告（ナイキ「BALLPRINTS BY RONALDINHO」）は、たしかアルゼンチンのキャンペーンですが、「RONALDINHO BY RONALDINHO」というコピーが入っていて「ロナウジーニョが自分で〝壁打ち〟をして描いた」という設定のはずです。あの作品の場合なら、きっとその本質の部分は、少年たちがあこがれるスター選手の奇跡的なプレー、というところでしょうね。それをビジュアル化しているわけですよ。

さっき、ビジュアル化するときには、〝うまいたとえ話〟を思いつく必要があるというお話をしたんですけど、ビジュアライゼーションとして正解です。ビジュアル一発で、全部伝わっている。スター選手のプレーを間近で感じたいという少年たちの気持ちに、間違いなく届いていています。

Sさんのも、うまくビジュアライゼーションできれば、すごくいい企画になるかもしれませんよ。

伊藤

インタラクティブをプラスする

いまのSさんの企画に少し近いところでは、かつてあるキャンペーンで、身体に墨を塗ったオールブラックスの選手にタックルさせて、魚拓みたいなものを取ったポスターがありましたね。オールブラックスの選手がドーンとタックルしたときの衝撃を表現しているわけですから、スポーツシズルがありますし、直感的にすごくよくわかります。ある意味、広告の王道といえそうなアプローチです。

でも、そこにインタラクティブを加えると、もっとおもしろいキャンペーンができると思うんです。いまのオールブラックスのポスターだと、ひとつの跡しか残せないけど、インタラクティブを使えば、いくらでもいろいろな跡が残せるはずですから。

さっきの「FLY TOKYO」なんかは、この「インタラクティブをプラスする」という考え方で、うまく設計されていましたね。いままでの広告なら、街を歩いているときにふと空を見上げたらスケートボーダーがいて、「スゲエ！」って驚いた、というところで終わっていたんですけど、そこにバードビューを加えて、スポーツする人の主観で空から東京を見下ろせるというインタラクティビティを入れたわけです。すごく身体的だし、東京上空から街を見たいという欲求は、みんなもっていると思うんです。

それも東京タワーや六本木ヒルズのような観光スポットじゃなく、渋谷。ふだん歩いている街を、ちょっと変わったところから見たいという気持ちはわかるじゃないですか？　しかも、ストリートスポーツをやってる人たちがみんなもっているであろう、本来だれもスポーツをやらない場所で思いきっり身体を動かしてみたい、という欲求にもつながっている。

きっとあの企画は、空を飛んでる瞬間のスケートボーダーの気持ちを想像するところから生まれたんだと思うんですよ。スケートボーダーがジャンプした瞬間は、路面であれ、ランプ（スケボーのジャンプ台）であれ、気持ちがいいはずです。それが、渋谷の上空だったら、空から街を見下ろせたら、どれだけ気持ちがいいだろう、と。そのときの身体性を疑似体験してもらおうということです。

そういうコアアイデアというか、受け手のインサイトさえつかめれば、アプローチの仕方はいくらでも見つかるんです。人形を使わずに生身の人間を使うとか、ワイヤーで吊るして実際にいろいろな人に体感してもらうとか、出口はいろいろ考えられる。

だから、コアアイデアを見つけたら、出口をひとつに決め打ちしたりしないで、それを糸口に、いろんな出口の可能性を考えてほしいんです。

とくにウェブを使ってコミュニケーションする場合は、どうしてもインターネットの技術的な側面や新しいテクノロジーにフォーカスしがちで、GoogleやYouTubeのような、ちょっと前にウェブ2・0といって騒がれたものに関心が集中することが多いみたいですが、それがすなわちインタラクティブというわけではないんです。きょうの冒頭に話したように、「身体性に根ざした体験」を提供できるところに、インタラクティブの本当の可能性があると思ったほうがいいでしょうね。

広告的には、この意義はとても大きいんですよ。インタラクティブの力を借りれば、コミュニケーションの仕組みだけでなく、表現も変えることができて、しかも「体験」をベースにできれば、五感でメッセージを感じ取ってもらえるようになるわけですから。

〝似ている〟はマズい

伊藤　あと、おもしろいと思ったのは、Zさんの企画ですね。Zさんはおそらく、すごい時間を費やして緻密な企画書を書いてくれたんだと思うんですけど、たった1点だけです、ぼくが気に入ったのは（笑）。「すき間を遊べ」というコンセプト。これは素晴らしいと思いました。

生徒Z　すみません（笑）。かたちにするのに一杯一杯で。

伊藤　いや、「すき間を遊べ」は、きちんとインサイトを見つけていますよね。場所のない東京では、実際、すき間みたいな場所で遊ぶしかないと思うんだけど、その気づきを肯定的にコンセプト化して、うまく言葉に落とし込めているところがいいと思いました。

　でも、やっぱりボディーコピーやビジュアルがほしいんですよ。「すき間を遊ぶ」とはどういう意味なのか。そのどこに、どんな価値があるのか。説明が必要なんです。「すき間を遊べ」をZさんなりに掘り下げていくというか、噛み砕いていくというか。

ちなみに「すき間を遊べ」というこの企画は、どういうところから思いついたんですか?

生徒Z 東京でストリートスポーツをやっている人たちは、狭い場所で遊ぶことにプライドをもっているんじゃないかなと思ったんです。でも、それってかなり工夫が必要ですよね? とすれば、そのスペースを使いこなすことこそ、クリエイティブな行為なんじゃないかと気づいて、〝すき間〟を肯定的にとらえてみました。

伊藤 いいですね、その発想。それをどう表現するんですか?

生徒Z ウェブサイトの余白の部分を〝すき間〟として、そこでなにかを表現してはどうかと考えました。たとえば、ブラウザに表示されたポータルサイトのすごく狭い余白の部分で、ブレイクダンサーが踊っていたらカッコいいんじゃ

伊藤

ないかな、と。ブログも余白が多いから、ああいうスペースを使えるといいですよね。そういう狭い場所でも楽しめるよ、といいたいんですけど……。企画書に「どこでもラストガイ」のことが書いてあるけど、たしかに発想は近いですね。

「どこでもラストガイ」というのは、「The Last Guy」という街中を走りまわってゾンビから人びとを救うPLAYSTATION3のゲームソフトのプロモーションです。

URLを指定するだけで、キャンペーンともゲームとも無関係な一般のウェブサイトを、ゲームの体験版の舞台にできたり、ブログパーツを設置するとそのブログもゲーム画面化できたりするという、〝ゲーマーゴコロ〟をくすぐるおもしろい仕掛けになっていて、けっこう話題になりましたよね。小さいキャラたちがサイトの余白の部分をウジャウジャ走りまわるんです。

他人のウェブサイトをジャックするという発想には、さっきのプールに忍びこむアイディアといっしょで、ストリートスポーツのシズルがあります。

だから今回の課題で「どこでもラストガイ」を思い浮かべるのは、考え方の方向としては正しい。

問題はやはり、そこから先をどうするかでしょうね。「どこでもラストガイ」をヒントにしてもいいけれど、最終的には、そこから進化させて、次元が違うところまでもっていかないといけないわけだから。「正当進化」させなきゃいけない。いまのままでは、まだ抜けきっていない気がします。

「あれ？ これ似ちゃったな。マズいよ」ということになるのは、本当にマズいんですよ。ぼくらつくる側の問題だけじゃなくて、広告の場合は、企業のイメージにかかわるからね。偶然似ちゃうこともあるんだけど、それもよくない。

だから、そうならないように、ふだんから、できるだけたくさんの作品を見ておく必要もあるでしょうね。インタラクティブ広告だったら、東京インタラクティブ・アド・アワードとか、海外の広告賞の受賞作なんかを見て、少なくとも話題作はチェックしておく。勉強にもなるから、その広告の仕組みや表現についても、自分なりに分析するといいでしょう。

フィニッシュは想像力で決まる

生徒Z　ひとつ質問があるんですけど、伊藤さんは企画を考えるときに、フィニッシュや実現性をどれくらい意識されているのですか?

伊藤　わたしはふだん、別の人が出したアイディアをどうやって実現するかを考える立場にいるので、今回みたいに自分で企画を考えるときにも、実現できるものを見つけなきゃって、ついそこばかりが気になってしまうんです。

やっぱり確実に実現できるとわかっているものでないとクライアントにはもっていけないから、と思う反面、もしかしたら実現できるかもしれないし、実現できれば話題にもなる、というギリギリのところで考えたほうがいい企画になるはずだ、なんて思いもあって……。

企画を考える、あるいはアイディアを出すときには、フィニッシュのことや実現性はいったん忘れたほうがいいと思います。かたちにすることにしばられると、どうしても自分で自分の想像力にしばりをかけちゃうんですよね。

Zさんのようにフィニッシャーの立場にいる人は、頭のなかに技術が全部入っているだけに、とくにそうなりやすいでしょうね。でも、しばりをかけてしまうと自由な発想ができなくなるので、アイディアを出すときには出すことだけに徹したほうがいいと思います。

とはいえ、やっぱり企画が机上の空論であっては意味がありませんから、自由に発想して、アイディアを出したあとは、技術的な部分をエキスパートに訊いたり、調べたりして、実現性を検証する必要はあるでしょうけどね。

ぼくもなんとなく技術的なことはわかっていますから、あまりに非現実的な企画はしませんけど、でも個人レベルで考える企画の初期段階では、かなり自由に発想するようにしています。

逆に打ち合わせでは、サーバーサイドの事情がわかっている人やフィニッシャーと、とことん話しますね。そこで実現できるかどうかを検証してから、フィニッシュが見えた段階でプレゼンします。

ちなみに、インテグレーテッドキャンペーンとか、クロスメディアとかということを考えだすと、フィニッシュの問題は、かならずしもテクニカルな部分だけじゃないんですよ。

たとえば「BIG SHADOW」だと、渋谷のビルの壁面に映像を投影するわけだから、ウェブのテクニカルディレクターだけでなく、場所や法律に詳しい人とも打ち合わせすることになるんです。もちろん自分の経験から、なんとなくやれるんじゃないかというさじ加減はわかりますし、まったく勘所がわからないわけではないんですけどね。

そのさじ加減は、やっぱり現場を肌で知って身につけるしかないいんじゃないかな。デザイナーと組んで仕事をしたり、CGの制作現場に足を運んだり、編集スタジオでの編集作業を見たりして、現場でどういうことがおこなわれているのかを見て知っていくしかないと思う。

そう考えると、フィニッシュって、技術的な面だけで解決できるものではなくて、結局はイマジネーションの問題だと思うんです。

さっきの「FLY TOKYO」でいうと、企画を考えているときにも「人間が空から見る絵は、どういう絵になるんだろう?」って想像力を働かせますよね? すると「人形につけるレンズは、人間の視覚に近いレンズがいい」と、技術を知らなくてもフィニッシュの軸となるポイントがわかるんですよ。

企画者にそこまでのイメージができていると、細かく言葉にしなくてもクライアントにも現場のスタッフにもそれが伝わります。「FLY TOKYO」の企画書を見たときも、ぼくにはKさんがイメージするフィニッシュが見えた気がしたんです。きっとそれだけきちんとイメージできているということでしょうね。

そういうものを抜きにしてテクニカルな面だけですべてを処理しようとすると、企画として重視すべきポイントを見失ってしまったりするんです。その結果、さほど重要でない些末な部分の実現にこだわったり、本当はどうでもいいようなところが障害になったりして、企画そのものが実現できなくなってしまうこともある。あるいは、実現できたとしても、肝心の軸がブレてしまったりするんですよ。

だから、フィニッシュを考えるにしても、とにかく想像力を優先したほうがいい。こういう表現をしたときに、受け手はどう感じるのか。どんな状況になるのか。どこがポイントになるのか。とことんまで受け手の立場になりきって、その「体験」をイメージしてみることですね。

仕組みも、表現も

伊藤

というあたりで、残り時間が少なくなってきましたが、きょうのお話で、なんとなく、いまの世の中とのコミュニケーションの仕方のようなものは見えてきたでしょうか？

今回、課題に対して企画を考えてもらい、それをまとめた企画書を見せてもらって感じたのは、コンセプトメイキングすることと、キャンペーンの仕組みを考えること、コピーやビジュアルといった表現を考えることが、まだまだみなさんの頭のなかではバラバラになっているな、ということですね。そこは分けて考えずに、〝真ん中〟と〝周辺〟をいったり来たりしながら、考えてほしいんです。

なかでも、表現に対する意識が、どうもまだ低い気がします。すでにこの世界で仕事をしている人が何人かいるからか、プロモーションプラン自体はこなれていて、よくできているものもあったのですが、コンセプトやコアアイディアを言葉にしたり、ビジュアルにしたりするところがどうも弱い。つまり、クリエイティブになっていないんです。

ぼくがいうキャンペーンは、たしかにいくつかのメディアを組み合わせりしながら、「はやらせていく」ことをめざすものですが、でも、いわゆるPRのようなプロモーションではありません。あくまで表現によって世の中に働きかけて、その組み合わせでコミュニケーションをデザインすることをめざすものです。

さらに、そこにインタラクティブな要素をプラスすることで、いくつもの「体験」の場をつくり、五感に訴えかけて、メッセージが伝わるように仕向けていく。それをプロモーションというふうに割り切って、仕組みばかりにこだわってしまうと、無機質な企画になりがちで、受け手の気持ちには届かなくなってしまうんです。

もちろん、仕組みが重要でないというつもりはまったくありませんが、表現も同じくらい重要だといいたい。どちらが欠けても、これからの広告キャンペーンは成立しないとぼくは思っています。

最初は難しいかもしれないけれど、ビジュアルと言葉、キャンペーンの仕組みは、ほぼ同時に考えるようにしたほうがいいでしょうね。コアアイディアは同じでも、OOHにはOOHに適した表現があるはずですし、ウェブにはウェブ、テレビCMにはテレビCMにそれぞれ適した表現があります。それを、受け手の受け止め方を想像しながら、ていねいに考えていくことです。

そうやっているうちに、自分の弱点も見えてくると思います。自分はビジュアルは弱いけど言葉に強いとか、その両方とも弱いんだけど、メディアプランを組み上げる力はあるとか。人によって得手不得手はあると思うのですが、広告をつくる仕事に必要なのは、なんといっても総合力です。もし弱点があるのなら、意識的に補って、なくしたほうがいいでしょうね。

総合力がなければクリエイティブディレクターは務まりませんから、ぼくもまた日頃から弱点をなくすように自戒しています。そうでなければ、これからは本当に伝わるキャンペーンをつくれないと思うんですよ。

表現という点では、みなさんの場合は、言葉よりもたぶんビジュアルのほうが弱い気がしますね。

すでに話したとおり、ビジュアライゼーションは広告にとってもっとも重要な作業のひとつですから、そこは努力して補ったほうがいいと思います。言葉だけだと力がいりますからね、いまの世の中の人を説得するには。新聞広告みたいな場所だと長いコピーも読んでもらえるんですけど、屋外広告で長いコピーに出くわしたらウザいでしょ？

やっぱり、現代の広告コミュニケーションでは、ビジュアルを重視せざるをえないんですよ。まあ、言葉の力があるということは、考える力があるということだから、根本的な意味ではもちろん言葉は重要なんですけど、受け手に伝わる表現をつくろうと思うなら、ビジュアライゼーションの力は絶対に必要です。

そして、ビジュアルに強くなろうと思ったら、時間をかけて、いろいろなものを好きになって見るしかないんです。青山ブックセンターのような書店にいって、とにかくいっぱい見てください。洋雑誌でも、写真集でも、デザイン書でも。

さっき話に出ていた「FFFFOUND!」もいいですね。見てください。だれかがヒントになったたっていってたけど、リファレンスになりうるビジュアルがたくさんありますから。

少なくとも、国内や海外で、いまどういったビジュアルがはやっているのか、自分がどういう系統のビジュアルが好きなのかといったあたりは、押さえておいて損はないと思います。ぜひ、やってください。
というところで、きょうの講義はここまでにします。お疲れさまでした。

第3講

「インサイト」のルール

伊藤

いい発見ができているか

前の講義の終わりに出しておいた「缶コーヒーの広告キャンペーン」の課題、手応えはどうでしたか？　提出してもらった企画書には、全部目を通してみましたけど、みなさん、いろいろおもしろいことを考えてくれていますね。なるほどなと思うものもいくつかありました。

でも、それらしい企画に仕上がっているようには見えるんですが、よく見ていくと共通の弱点がある気がするんです。

きょうは、そこから話をはじめたいと思います。ぼくが感じたみなさん共通の弱点。それはなにかというと、「仕組みだけで終わってしまっている」ということです。

たしかに、コミュニケーションの仕組みを考える作業は楽しいんですよ。「Twitterを使って、こういうキャンペーンをやればおもしろいんじゃないの？」とか「自動販売機をメディアとしてとらえて広告展開したら、街を歩いている人たちを、あっと驚かすことができるかも……」なんてね。ぼくもそうだけど、ゲームの攻略方法を考えたり、パズルを解いたりするみたいに熱中して、なんか斬新なことをやれないかな、世の中をビックリさせられないかなと、つい時間を忘れて考えてしまいます。広告クリエイターと呼ばれている人にしても、ウェブの制作者にしても、けっこう、そういうことが得意だったり、好きだったりする人は多いんじゃないでしょうかね。

実際、みなさんの企画を見ていても、それぞれになかなか凝った仕組みを考えているなと思います。でも、本当に世の中の人たちに伝わるコミュニケーションをデザインしようと思ったら、それだけじゃダメなんです。

もっと気にしたほうがいいなと思うのは、インサイトですね。インサイトとは、簡単にいえば、その商品や企業との関係における受け手の気持ちや共感点のことです。しかも言語化できていなくて、意識の表面にはないもの。それを顕在化して訴えかけるから、受け手は共感してくれるんです。

今回提出してもらった企画書を見たかぎりでは、何人かの人たちをのぞいて、適切なインサイトを発見できていないものが多かったように思います。

企画を考えるうえでの出発点ともいえるところで、きわめて基本的な部分の話なんですが、でもとても重要なことなんですよ。ぼくらにしても、もうイヤというほど企画を考えてきましたけど、いまでも、さあ考えるぞ、というときには、まずはやっぱりターゲットのインサイトを見つけることからはじめますからね。

「切り口を見つける」といってもいいかもしれないのだけど、そこで質の高いものを見つけることができていないと、メッセージもはっきりしないし、共感にもつながらない。仕組みだけでは、気持ちを動かせないんです。「新しく発売された缶コーヒーは、そういう商品なのか。ぜひ買いたいな」と、受け手をその気にさせるところまでいかない。

斬新なコミュニケーションの仕組みをデザインすれば、たしかに世の中の注目を集めたり、関心をもってもらったりできるかもしれませんが、企画の中心のところに、受け手のインサイトがきちんとふまえられていないと、せっかくの仕組みもワーク（機能）しない、ということになりかねないんです。

もちろん、同じことは表現にもあてはまりますよね。インサイトを見つけることができていない表現は、簡単にいえば〝的外れ〟なわけですから、受け手に刺さるはずがないでしょう？　納得できないし、腑に落ちないのだから、伝わるはずがない。

そう考えると、インサイトを見つけることの大切さがわかってもらえるんじゃないでしょうか。そこをないがしろにするのは、ふだんの会話でいえば、目の前の相手の人格や気持ち、立場なんかを無視して、一方的に話しつづけるのと同じです。話は成り立たないし、わかってもらえるはずがない。コミュニケーションとして成立しないわけだから、相手の気持ちなんて、動かせるはずがないでしょう。

さっき切り口といいましたが、インサイトは企画の大本になくてはならないものなんです。逆にいえば、ここでいい切り口を見つけることができれば、企画としては〝勝ち〟に近い。

とはいえ、見つけるのは、けっして簡単じゃありません。共感点といっても、みんなが常識のように思っているものは、意識として受け手のなかで完全に顕在化してしまっているわけだから、そこを訴えても「この広告、わかりきった、つまんないことをいってるな」という反応になるだけで、共感につながらない可能性が高い。

たとえば、今回の課題にあった缶コーヒーなら、「喉をうるおすものだ」という当たり前の欲求の部分をまっすぐに訴えられても、あまりピンときませんよね？　でも、「コーヒーを飲むという行為は、親しくない人との距離を縮めてくれるものだ」と、生活のなかからある種の発見をして、それを訴えかければ、「そうかもしれない」「なるほど」と納得して、共感してもらいやすくなるでしょう？

２００５年に話題になったソニー「ブラビア」のＣＭ「Bouncy Balls」なんかも、このインサイトをうまくとらえた作品でしたよね。25万個の色とりどりのスーパーボールが坂道を跳ねていく様子を撮影したものですが、だれだってふだんからスーパーボールが跳ねるときのあの心地よさは知っているはずです。でも、日常的につねに意識しているわけじゃない。あのCMは、それを見つけて表現しているんです。

「そう、そう、そうなんだよ」という部分、あるいは、そのことを訴えかけられたときに思わず膝を打つようなものといってもいいかもしれないのだけど、そういうものを自分の〝経験の記憶〟を参考にしながら、受け手になりきってじっくりと探していくんです。

みなさんの企画には、ここのところに対する意識がなかったり、あるいは意識を向けてはいても、共感を得られるような発見には至っていなかったりするものがけっこう多かった。そのせいで、仕組み全体にまとまりがなくなって、空まわりしてしまっていたり、表現の意図がはっきりしなくなっていたりして……。

もちろん、なかにはいい発見ができている人もいるので、全部が全部というわけではないのですが、いろいろ話してきたことをふまえて、最後にもう一度原点の部分を確認しておきたいと思いました。

きょうはそこにとくに注目して、提出してもらったなかから何人かの人たちの企画を取り上げてブラッシュアップの方向性を示しながら、講評します。そのつもりで、ただ話を聞いて納得して終わるのではなく、これは本当に相手に伝わるのかな、と、あらためて見なおしつつ、いっしょに考えてみてください。

「手段ありき」で考えない

【課題3】ある飲料メーカーが新発売する缶コーヒーの広告キャンペーンを、インタラクティブを含めて企画してください。ただし予算は10億円とし、前回同様、制作費や媒体費などに関する見積もりも添付すること。

伊藤

まずは、Hさんの企画からいきましょうか。彼が考えてくれたのは、「あっ、空見よう」という企画。缶コーヒーを飲み干すとき、自然に空を見上げるような姿勢になりますよね？　缶をなかば逆さまにして、顔を上に向けて。そこに注目して、「空を見上げる」ことをテーマに、テレビCMやOOH、店頭や自動販売機、バナー広告を展開して認知をうながし、最終段階ではスカイタイピング（飛行機雲で空に文字を書くパフォーマンス）によって、「缶コーヒーを飲んで空を見上げる体験」を提供しよう、ということです。

「空を見上げる」という切り口は、缶コーヒーのインサイトとしては正しいものを見つけていると思いますね。缶コーヒーには、たしかにグビッと飲みながら空を見上げるというイメージがありますから。飲むという行為を見事にフィジカルにとらえています。

それだけでなく、缶コーヒーでひと息入れて、前向きな気持ちになろうとするメンタリティにもつながっている。自分たちの生活を振り返ってみても、集中して仕事をしたりして、ちょっと疲れたなと思ったときや、なんとなく元気が出ないときなんかに、缶コーヒーを飲むことが多いでしょう？　ですから、缶コーヒーの広告を「空を見上げる」というコンセプトで企画するのは、インサイトを見つけているという意味では間違っていないんです。ただ、この企画の場合、改善点はそこから先にあります。キャンペーンとしては、展開の仕方がややありがちなんですよね。ふつうというか……。

たとえば、企画書のはじめのほうで、テレビCMやグラフィック広告などに用いる空のビジュアルイメージを添付してくれていて、写真家の川内倫子さんを起用したいと書いていますね。まず、ここがちょっと引っかかります。Hさんは日頃、仕事で企画書を書くときに、わりと最初の、コンセプトをつくるような段階で「だれを起用することで、こういうイメージを……」という考え方をすることが多いんですか？

生徒H　毎回というわけではないのですが、企画によってはそういう入り方をすることもあります。

伊藤　それを一度、忘れたほうがいいかもしれませんね。なぜかというと、だれそ

生徒作成の企画書：「あっ、空 見よう」（部分掲載）

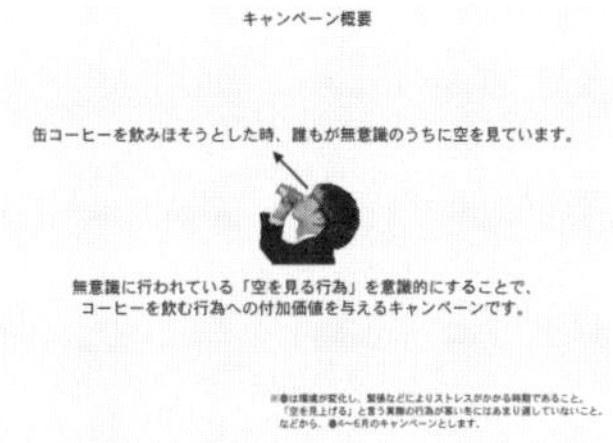

キャンペーン概要
缶コーヒーを飲みほそうとした時、誰もが無意識のうちに空を見ています。
無意識に行われている「空を見る行為」を意識的にすることで、
コーヒーを飲む行為への付加価値を与えるキャンペーンです。

メインコピー
「あっ、空 見よう」
そんなに積極的ではなく、少し行き詰ったり、少し疲れた時に、
缶コーヒーを飲んで、空を見て、気分転換をはかってもらいたい。
そのような気持ちを人々に伝えます。

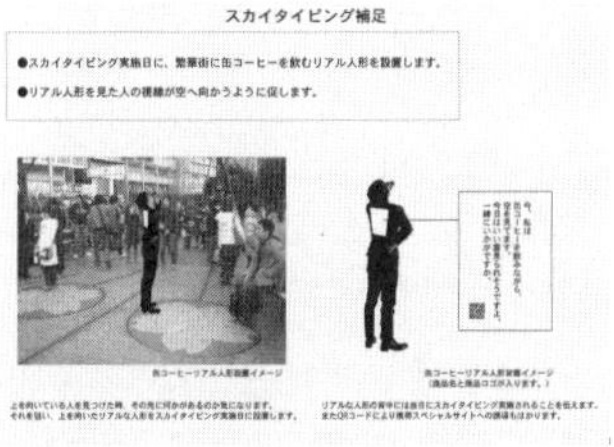

スカイタイピング補足
●スカイタイピング実施日に、繁華街に缶コーヒーを飲むリアル人形を設置します。
●リアル人形を見た人の視線が空へ向かうように促します。

れを起用するという部分を先に考えると、どうしても企画が、その人がつくり出すイメージや世界観に影響されてしまうんです。その人が個性豊かな表現者であればあるほど、作風に左右されやすいというか……。

本来なら表現は、メッセージを伝える手段のはずなのに、手段が目的になっちゃうんですよね。それじゃ、本末転倒ですから、企画者自身でまず表現にまでたどり着いてほしいんです。そこで企画が完全に固まってから、もっとも適した表現をアウトプットできるのはだれなのか、と考える。そういう順序のほうがいいと思います。

伊藤

必然性があるか

それから、「あっ、空見よう」というコピー。これはキャッチコピーとしては、いいかもしれないんです。でも、これだけだと、なんかいい足りない気がする。ちょっと遠いんですよ、缶コーヒーと空では。

さっきぼくが話したみたいに、インサイトを噛み砕いて説明すれば納得できると思うんだけど、言葉ひとつだと「缶コーヒーと空、なんの関係があるの？」と感じてしまうでしょ？

生徒H　ボディコピーをつけたほうがいいということですか？

伊藤　そうですね、ボディコピーかもしれないし、ビジュアルかもしれない。なにかで補う必要がありそうですね。そこのところは、企画書でも検証してほしいんです。いまは1ページまるまる使って、メインの言葉だけを提案してくれているんだけど……。

　少なくとも、コピーは活字だけで表現されるわけじゃなく、基本的にはビジュアルとのコンビネーションでワークしますから、空なら空で、自分がイメージするビジュアルに実際に文字を置いてみて、本当にそれで伝わるかどうかを検証してください。

　プレゼンのことを考えてもね、クライアントもイメージしにくいはずだから、この言葉でキャンペーンを引っ張っていけるんだという証拠を見せないと。せっかく、いいインサイトを発見してるのにもったいない。

けど、「空を見上げる」ということで考えたのだと思うのだけど、スカイタイピングで、空にメッセージを描くのは、あまりいいとはいえませんね。日本のポカリスエットのキャンペーンをはじめ、海外でもいろいろ前例がありますし、ちょっと新鮮味に欠ける気がします。

空にハプニングを起こすという考え方は、アリだと思うんです。でも、やり方はもっと工夫したほうがいいでしょう。少なくとも、だれかがすでにやっちゃってるものは、やめたほうがいいと思います。

それ以前に、空に文字を書くことの意味も考えたほうがいいでしょうね。いまのままだと「缶コーヒーと空を見上げる」ことと「空に文字を書く」ことのあいだに必然性がないんです。

たしかに、スカイタイピングならではの気持ちよさそうな印象は与えられますが、単に「気持ちいい感じ」で終わってしまうと、受け手は納得できないんですよ。その気持ちよさが、缶コーヒーにどう結びついていくかがわからないから。「缶コーヒーを飲んで空を見上げる」という体験をコンセプトにするなら、もっと必然性のある表現や施策が、ほかにあるんじゃないでしょうかね。

受け手の左脳と右脳を納得させる

伊藤　結局、広告って、「なにかを伝える」ことなんですよ。伝えようとする「なにか」の部分が整理されないで、あいまいなままだと、一所懸命に伝え方を工夫しても、なんだかぼやけたコミュニケーションになってしまう。

そうならないように、ぼくらは、なにをいうのか、なにを伝えるのかを、徹底的に明確にして、シンプルにいえるまで考え抜かなくてはいけないんです。

「なにか」は、もちろん、ぼくらつくり手がやりたいことという意味ではなくて、企業や商品についてのメッセージであり、ぼくらが見つけたインサイトでもあります。要するに、クライアントが抱えている課題の解決に必要なメッセージ。

受け手はそれを、左脳と右脳の両方で理解するんです。だから、伝えることがあいまいなままだと、「なんだかおもしろそう。でも、なにがいいたいのかな?」と腑に落ちないのはもちろんだけど、伝えるべきことが明確になっていたとしても、「どうして空に字を書かなくちゃいけないの?」のような感覚的な部分で疑問が残ってしまうと、なんとなく腑に落ちず、釈然としない、なんてことになる。

そこをうまくコントロールして、「ああ、そういうことなんだ。なるほど」と納得して、共感してもらおうと思ったら、仕組みにも、表現にも、インサイトやコンセプトをふまえた必然性がほしいんです。それぞれがおもしろければいいというものじゃないんですよ。

プレゼンもまたコミュニケーションですから、これに近い部分があります。Hさんは、うまくインサイトを見つけていますが、もしぼくがクライアントの担当者なら、はっきりいえば、いまのままでは採用できない。「？」の部分が、多いんです。このコピーで伝わるのかな？　コピーとビジュアルの関係はどうなるんだろう？　どうして缶コーヒーで、スカイタイピングなんだろう？……って。腑に落ちないところが多くて、ゴーサインを出しにくい。

前回の講義でもちょっと話しましたが、企画書の段階では、クライアントの「？」には、パーフェクトに答えたいんです。「なるほど、こういうことがいいたいのか」と思ってもらえる左脳的な要素と同時に、「こういうトーンなんだ」と具体的にイメージして、右脳でも納得できるように、必要な要素を盛り込んでフォローしておくべきでしょう。

というわけで、スカイタイピングはいまひとつなんですけど、でも「スカイタイピング補足」として書いてくれた、それに目を向けさせようとする人形の使い方はとてもいいと思います。

渋谷のハチ公前とか、にぎやかな街のなかに、缶コーヒーを片手に空を見上げている等身大の人形を置いておくんですよね？　背中にコピーを書いて、QRコードを貼って、ウェブにもたどり着けるようにして。

これはいいと思いますよ。ふつう、世の中の人たちは、空を見ながら街を歩いたりしませんからね。「なんだ、この人形は」という驚きをきっかけにして、「(人形は)どこを見ているんだ?」と気にさせて、街の人たちの視線を空へとうながすわけでしょう?

この人形の使い方は、インタラクティブです。人に空を見上げさせるインタラクションを発生させていますから。こういうものは、インタラクティブ広告といっていいと思うんです。ウェブとかインターネットのなかのものだけじゃなくて。少なくともぼくは、いつもそういう気持ちでインタラクティブ広告をつくっています。

こんなふうに人に行動を起こさせるような仕掛けって、すごく楽しいですよね。つくるほうも、やるほうも。遊園地みたいなものだから、こういうものがあると、退屈な街も楽しくなりますよ。

なぜ「カンガルー」?

伊藤　じゃあ、つぎはWさんの企画を見てみましょう。「ぐうたらの為のコーヒー」。これはおもしろい切り口ですね。それをコンセプトとして、寝そべっているカンガルーを使ったテレビCM、「ぐうたらグッズ」のプレゼント、「自販機横足湯」による〃ぐうたら体験〃の提供をそれぞれおこなう。

缶コーヒーの広告の場合は、ことインサイトについては、これまでにおおよそ考え尽くされています。とくに飲料メーカーと自動車会社は、もっとも広告に力を入れている業種ですから、ひととおり出尽くしているといってもいいくらいです。

みなさんも缶コーヒーのテレビCMといえば、典型的な例がいくつか思い浮かびますよね？　豆の品質をアピールする。ちょっとイヤなことがあったときに、ビジネスマンが公園のベンチで飲む。朝の気付けとして、通勤の途中や始業前に飲む。力仕事のあとでひと息入れる……。豆の品質をのぞけば、〝がんばって働く男の味方〟的なアプローチで描かれるものが多い。「もっとがんばるためのもの」としての缶コーヒーのポジショニングが定石になっているんです。

けど、よく考えてみると、コーヒーにはゆったりくつろぐための飲み物としての側面もありますよね？　仕事の合い間の休憩の意味ではなくて、せわしない日常から解放されて、ゆっくりと流れていく豊かな時間を味わって、楽しむために、コーヒーを飲むこともあります。

とすれば、「ゆったりした時間」のアピールに用いる方向も、可能性としては大いにあるわけです。Wさんは、それを〝ぐうたら〟で切り取った、ということですよね？

生徒W　そのとおりです。缶コーヒーを「ぐうたらな時間のおとも」のポジションに置いてみようと思って……。

伊藤　いい切り口を見つけましたね。Wさんは、切り口だけじゃなくて、それを「ど

生徒作成の企画書：「ぐうたらの為のコーヒー」（部分掲載）

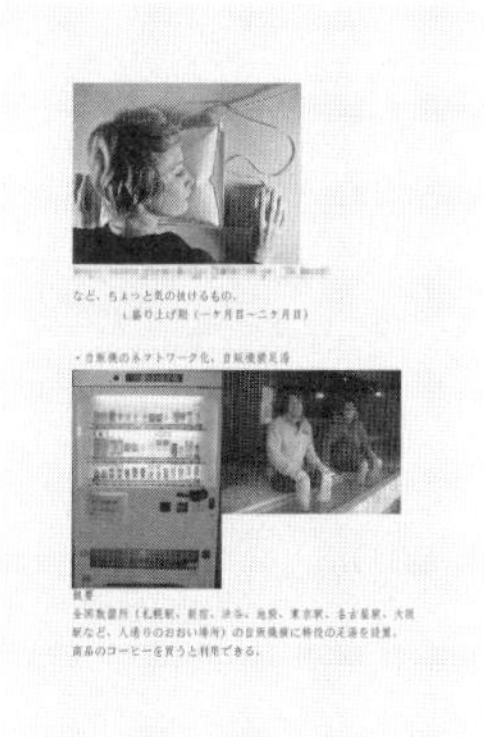

う伝えるか」の面でも、なかなかおもしろいことを考えています。〝ぐうたら〟でキャンペーンをインテグレートしようとしているのが素晴らしい（笑）。

テレビCMのカンガルーはとりあえず置いておいて、プレミアム（景品）の「ぐうたらグッズ」というのは、〝ぐうたら〟な時間を応援しようってことですよね？

たとえば、みなさんいまは、ちゃんとした格好で講義を受けていますけど、休日、家にいるときって、人にいえないような格好でPCを使ったりするでしょう？　それを応援するクッションとか、寝ながらマウスを動かしてPCが使える枕とか。そういう「ぐうたらポーズ」を応援するグッズをあげようという発想は、とてもかわいくていいと思います。

あとは自動販売機の隣に足湯をつくろうというアイディアも、相当バカバカしくていいんじゃないですかね。街の真ん中で、みんなで「ぐうたら体験」してもらおうということでしょう？

でもテレビCMは、なぜカンガルーなのかという部分が、うまく解決できていない気がするんです。企画書につけてくれているイメージビジュアルもいいし、ぼく自身もカンガルーはなんとなくいいな、と思うんですけど、カンガルーが〝ぐうたら〟な動物の代表というわけでもないし、少しリンケージしきれていないんじゃないかな。

そこをうまく吸収できるようなキャッチコピーがほしいですよね。グッズにしても、足湯にしても、パーツはそれぞれおもしろいわけだから、それをひとつのキャンペーンとしてくくってしまえるような……。

そのあたりをもうちょっと検証して、一貫したキャンペーンに仕立てなおしてみてください。

文化的背景で伝わり方は変わる

伊藤　ただ、この企画に関しては、さっきのHさんの企画とはまた違う意味で、採用の壁のようなものがあるかもしれませんね。切り口はユニークで、いいたいこともよくわかるし、それぞれのパーツもおもしろいから、プレゼンでは盛り上がるかもしれませんが、いざ実施を考えるとなると、クライアントが二の足を踏む可能性もあるんじゃないかな、と。

さっきいったように、いま日本では缶コーヒーって「仕事の合い間に飲むもの」というイメージが強くて、一種、それが慣習的に定着してます。要するにビジネスシーンの商品なんです。

でも、〝ぐうたら〟な時間は、アフターファイブとか、週末とか、休日とかにあるわけで、対象となる時間が短いということも気にはなるんですが、ほかにもいわば文化的、慣習的な面でのシフトをうながさなくちゃいけないということもあります。これって、けっこうな〝力仕事〟かもしれないんですよ。

広告には、その国のカルチャーや習慣、あるいは時代のフィーリングにリンクさせなきゃいけない部分があって、それをふまえつつ、どうやってキャンペーンを構築するのかを考えるのも、ぼくらの課題なんです。

たとえば、タイの缶コーヒーのテレビCMに、汚職政治家や役所の怠慢な窓口係の顔に缶コーヒーをピタッと当てた途端、シャキッと目覚めて真人間になる、というものがあります。コーヒーの〝目覚まし効果〟を、「シャキッとした人間に生まれ変わる」ととらえなおして、誇張して表現しているわけですが、相当うまいし、おもしろいし、レベルの高い広告です。

でも、同じものを日本でオンエアしたときにワークするかと考えると、ちょっと微妙かもしれない。表現としてあまりにもストレートですから、おもしろいと感じる人とそうじゃない人に、反応がはっきりと分かれてしまうでしょうね。文化的背景が違えば、やっぱり伝わり方も違うんです。

Wさんの企画を実施しようと思ったら、国内とはいえ、こういう文化性への挑戦をしなくちゃいけない可能性がある。クライアントによっては、そこまでは……と感じるかもしれませんね。

まあ、だからといって、かならず文化性に乗らなくちゃいけないというものでもないんですが……。ユニクロのように、欧米人にも理解できる日本の感覚というか、いわゆる「クールジャパン」という言葉で表されるフィーリングを、ブランドのなかに取り込んでグローバル戦略を成功させているケースもありますから。そこが広告のかならずしも教科書どおりにいかないところなんですが、とにかく、時代のフィーリングや受け手のカルチャー、嗜好性などを敏感に嗅ぎ取りつつ、伝わるように伝えていくしかないでしょうね。

それに、広告がそれまでの常識をひっくり返したり、慣習を変えてしまったりということも、十分に起こりうる話です。いまでこそ〝朝シャン〟は生活のなかのごくふつうの営みのひとつですが、あれだって1980年代の終わりに資生堂の広告をきっかけにブームが生まれて、定着したものでしょう？　Wさんの企画にも近いことが起こらないともかぎらない。「空前の〝ぐうたら〟ブーム到来！」なんてね（笑）。それまでにない新しい価値や体験を提示するのも広告の役割ですから、缶コーヒーの常識を変える可能性もあるとは思うんです。

それはそうなんですが、でも、それ以前に、広告はクライアントが抱えている課題を解決しようとするものなんですよね。その目線で見てどうだろうとは、いつも気にするようにしたほうがいいかもしれません。ちょっと気になったので、そのことだけをつけ加えておきます。

見つけたもの勝ち

伊藤　いま紹介した2つの企画は、切り口というか、インサイトというかの部分で、なかなかいい発見をしていました。表現やキャンペーンの組み立ての面では、まだまだ調整しなくてはいけないところもありますが、でもこの時点で、けっこう〝勝ち〟に近いんです。

少し語弊があるかもしれませんけど、企画って、「いい切り口、いいインサイトを見つけたもの勝ち」のようなところがありますから。

逆にいえば、そこがなければ、かなり苦しい。みなさんの企画の多くには、その傾向があると思うんです。

〝仕掛け〟のアイディア自体はおもしろいのですが、インサイトをうまく見つけていないせいで、なにを伝えたいキャンペーンなのかがわかりにくくなってしまっていたり、キャンペーンそのものにまとまりがなくなってしまっていたり、あるいは、表現への落としこみがいまいち成功していなかったり……。これから講評するもののなかにも、いくつかその類のものがありますが、ぼくの分析やディレクションを聞きながら、みなさんも自分ならどうするだろうか、と考えてみてください。

じゃ、つづけていきましょうか。Tさんの企画。コーヒーの「香り」の部分に注目したキャンペーンですね。

まず大きなサイフォン時計を人通りの多い場所に置いて注目を集める。つぎにコーヒーの豆風呂を全国100ヶ所に設置して話題をつくって、そこからモバイルサイトに誘導する。モバイルサイトでは、コーヒーを使って体臭を改善するノウハウを知らせる……という感じでしょうか。

コーヒーの豆風呂（笑）。おもしろいですね。コーヒーの「香り」の部分分

生徒作成の企画書：“香り”のキャンペーン（部分掲載）

1.コーヒー豆風呂（屋外）

（イメージ図）

※コーヒーで使われる豆でいっぱいのお風呂に入れば、その香りを存分に楽しめる。

香り香る体をゲットするサイト（モバイルサイト）

このサイトは、人にコーヒーの香りを通じて、匂いのイメチェンをしてもらうためのサイトだ。

体のにおいは国によって、あるいは人種や性別などによって様々だが、食生活や健康状態との関係がかなり深いと言われている。

食生活については、例えばインドなど東アジアの人はスパイスの香りがしたり、韓国人はニンニクの香り、海外からきました外国人は、日本人を醤油の香りがする、と感じるらしい。

つまり、その人の食生活と生活習慣がわかれば、今現在の体はどんなにおいがするのか、更には体のにおいをある程度コントロールすることだってできる。

どうやら、それはコーヒー利用しても可能らしい。

実際に体をコーヒーで浄化（洗浄）する方法もあるようだ（コーヒーエネマ）。

体臭外来というものがあり、日本で唯一、体臭外来をおこなっているスキクリニック（東京都新宿区百人町）なる病院も存在する。

サイトを通じて、※コーヒーを一日に何杯飲むとか、こういうものを食べるとこういう匂いになる、といった具合に提案していく。

憧れの芸能人の匂いになるためには、こういう生活を、といった具合だ。

に着目するとのことなので、砂風呂みたいなものをつくって、全身で「香り」を体験してもらおうということなんでしょうけど、これは駅のどこでやるんですか？

生徒T　人通りが多い場所です。イメージは構内ですね。そこにコーヒーの豆風呂に入っている人がいると目を引くだろうなと。

伊藤　なるほど。キュウリでパックしたり、牛乳風呂に入ったり、いろんなことをしますからね、人間って。たしかにコーヒー豆風呂もアリかもしれない。ちょっといけそうな気がします。

　スターバックスの店の近くをとおると、よく豆のいい香りがするんですけど、それだけでコーヒーを飲みたくなります。それと同じで、この企画を実際にやると、たぶん駅に香りが充満しますよね。そこがいいと思います。

　ただTさんの場合、このアイディアそのものはおもしろいのですが、受け手のインサイトをあまり意識できていない。一発芸的な屋外広告としてはいいんですけど、このアイディアをメインにしては、広告コミュニケーションとしては成立しにくいんじゃないでしょうかね。

たとえば、いまは駅やお店などの全国100ヶ所のスポットに「コーヒー豆風呂」を設置すると書いていますけど、もっと増やして全国1000駅で大規模に実施したとすれば、話題にはなると思うんです。商品名もある程度は認知されるかもしれませんが、でも、商品と受け手のあいだに強い結びつきをつくるところまではいかないと思うんですよね。

受け手が日常のなかで感じているこんな気持ち、こんな欲求に対して訴えかけるんだ、という部分がないから、おもしろがってもらえたとしても、メッセージが伝わるというところまではいかないんですよ。一過性の体験を提供するだけで終わってしまうんです。そこは、キャンペーンと販促の違い、あるいは広告とPRの違いかもしれません。

けれど、アイディアはおもしろい。だから、ターゲットとなる受け手の日常の営みをていねいにイメージしてみて、これだと思うようなインサイトを見つけてください。このアイディアが生かせるように「香り」とか「におい」

とかにまつわる部分でインサイトを探してもいいでしょう。

で、見つかったら、そこからもう一度、キャンペーンの展開を考えなおしてみてほしいんです。最初のサイフォン時計は、たしかに街に置いてあると目を引くかもしれませんが、「香り」からはちょっと遠い。そこからコーヒー豆風呂には、うまくつながっていかない気がします。

そのあとのモバイルサイトでの体臭改善のための提案というのも、おもしろいんだけど、缶コーヒーにはすぐにつながっていかないように思えるんです。予算は10億円あるわけですからね。屋外広告だけでなく、ほかのメディアへの展開もぜひ考えてみてください。

あとはキャッチコピーですね。どういうインサイトを見つけるかにもよるけど、豆風呂にせよ、なんにせよ、缶コーヒーとのあいだには距離がありますから。

ボディコピーを活用してもいいし、ネーミングのような方向でもいいかもしれませんが、とにかく「缶コーヒーの広告で、どうしてコーヒー豆風呂なの?」といった疑問が解決できるような言葉がほしいですね。

メディアをうまくリンクさせるには

伊藤

では、つぎ、Sさんの「Shout!!　叫ぶことから今日が変わる」という企画。おもなポイントは2つですね。ひとつは、「叫ぶ自動販売機」の設置。ティザーとして使うようですが、自販機コーナーなんかで、ほかの自動販売機で購入している人に向かって、ある1台が「たまには大声出してもいいんじゃない?」と叫ぶというもの。もうひとつは、声を生かしたケータイゲームの提供。それをテレビや雑誌のCMを使って盛り上げていく……ということですね。

一見平凡に見えるんですが、キャンペーンのやりようによっては、おもしろくなりそうだという気はしました。

さっきお話した同時代のフィーリングという面で考えると、いまは世の中全体に停滞感や閉塞感が漂ってますから、「叫びたい」という気持ちは、インサイトとしてアリだと思うんです。叫んでスッキリしたい、自分のなかでわだかまっているものを思い切って放出してしまいたい、ということでしょうけど、そんなふうに、だれしも、ある種の〝デトックス〟を求めているようなところがありますよね。

この目のつけどころは、けっして悪くない。さっきも説明したように、缶コーヒーには飲んでリフレッシュするイメージがありますから、飲んで、叫んで毒を出すことには違和感がない。むしろ、缶コーヒーならではのデトックスですよ。

それを具体的に表現したもののひとつが、「叫ぶ自動販売機」。自動販売機がお客さんに向かって「たまには大声出してもいいんじゃない?」なんて叫んだりするということですが、缶コーヒーにとって自動販売機は重要なメディアですので、それはちょっとおもしろそうだと思いました。

もうひとつ、「携帯電話でShout!!」というゲームも提案してくれているん

生徒作成の企画書：「Shout!!　叫ぶことから　今日が変わる」（部分掲載）

ですけど、これはどういうものなんですか？

生徒S　「大きな声」を使って遊べるゲームを、ケータイで提供したいと思ったんです。調べてみたら、技術的には可能らしいので。

通話口に向かって叫ぶと、その音声の強さで敵が倒れたり、的になにかが当たったりするようなアプリゲームなんですけど、缶コーヒーを何本か買ったら何回チャレンジできる、というような仕組みにすればいいんじゃないかと。ちょっと販促寄りの企画かもしれませんが、ゲームなら不自然なく大きな声を出せるし、遊んでいるうちに気がついたらスッキリしているということが可能だと思ったので……。

伊藤　なるほど。アイディアはおもしろいんですけど、広告としてまとめていくところが弱い気がしますね。

さっきの「叫ぶ自動販売機」もそうだし、このケータイゲームも、おもしろいと思いますよ。でも、いまのままだと、仕組みのなかで、それを生かせていないんです。こっちでは声で戦うケータイゲーム、あっちでは自動販売機が叫ぶ、と、たしかに〝声つながり〟ではあるんだけど、うまくリンクしていないんですよね。別々のものになってしまっているというか……。

広告として伝わるものになるように仕組みをつくっていこうと思うなら、それぞれを表現のレベルでリンクさせていく必要があるんです。

たとえば、いまのゲームの場合なら、声で敵を倒したりするわけでしょう？それは〝声で敵を倒す表現〟ともいえる。そう考えれば、同じ方向でテレビCMもつくれるし、OOHもやれるはずです。さっきの「叫ぶ自動販売機」だって、大声で叫んでモニターに表示された敵を倒したら、もう1本プレゼント、のようなこともできるかもしれない。

「声を使う」という抽象的な概念や説明のレベルではなくて、それを具体化した表現をカギにして、いろんなメディアでの展開を考えてみるんです。そうすれば、すべてが有機的に結びついて、ブレることなくメッセージが伝わるようになりますから。

あとはそれをまとめる役割を担うキャッチコピーですね。「Shout!!　叫ぶ

ことから　今日が変わる」というのも悪くはないんですけど、もうちょっと検討の余地がありそうです。

　商品が缶コーヒーであることを考えると「叫ぶ」とのあいだには、やや距離があると思うんです。「叫ぶ？　ああ、だって缶コーヒーだもんね。そりゃそうだ」とはならないじゃないですか。

「どうして叫ぶなの？」という疑問を受け手に抱かせないようなボディコピーとか、あるいはビジュアルとか。そういうものがなにかほしいところです。探してみてください。

不自然や無理をなくす

伊藤

最後は、Ｆさんの企画で「人動販売機」。自動販売機の横に人が立っていて、缶コーヒーを買おうとすると、その人がお金を受け取って代わりに投入口に入れてボタンを押してくれる、商品を手わたしてくれる、それを実際に街で生徒F　やる、ということですよね？

伊藤　そうです。自動販売機のメリットは、人を介在せずに購入できるところだと思うんですが、そこに無理やり人をかかわらせてみたら、おもしろいんじゃないかな、と。しかも、自動販売機の横に立っているのが著名人で、その人がお金を受け取って、代わりに缶コーヒーを買ってくれたら、話題にもなりそうですし、人もいっぱい集まったりするかなと思って……。

集まるでしょうね。話題にもなると思いますよ。

　この「自動化してる意味ないじゃん」というナンセンスなアイディアは、なかなかおもしろいですね。じつはつい最近、ぼくも同じことを感じたんですよ。クルマで江ノ島にいって、帰るときにね、駐車場出口の精算機のところに、おじさんが立っていたんです。ぼくがお金を機械に投入しようとしたら、横から手を出して、代わりに入れてくれて……。なんだか申し訳ないような気もしましたけど、でもやっぱり「自動化してる意味ないじゃん」とは思いましたね（笑）。

こういう〝経験の記憶〟が企画には役に立つんですが……、それはともかく、そのときの実感からしても、これはバカバカしくておもしろいと思いますよ。

このアイディアを、ぜひ表現にしてほしいんです。さっき著名人がどうとおっしゃっていましたが、そこの具体的なところはあとから考えるとして、まずは「人動販売機」というアイディアを、どういう表現にしていくかというところを考えてほしい。

自動販売機の横に有名な人がいて、お金をわたすとその人が缶コーヒーを買ってくれて「はい、どうぞ」という——まず、この状態をどうネーミングするかですね。そこをきちんといい当てておかないと、せっかくのアイディアがただのおふざけになってしまいかねませんから。そういう意味で、「人動販売機」という言葉は、役割を果たしていないというか、ちょっと違う気がしますね。

要するに、その人が自動販売機の横に立っていることに理由づけがほしいんです。正当化してあげるというか……。そこに不自然とか無理があると、生徒F　受け手はその世界に入っていけないんですよ。その理由づけは、やっぱり缶コーヒーに関係していたほうがいいんでしょうか？

伊藤　もちろんです。たとえば、もしこのキャンペーンのテレビCMをつくるのなら、芸能人が自動販売機の横でフーッとため息をついたり、「あんまり、人が来ねぇな」なんてぼやいたりするだけでもいいかもしれない。その人が自動販売機で、その缶コーヒーが買われていくことを応援している気持ちが伝わりますから。

でも、それではまだ「なんでその人がそこにいなければいけないの？」という疑問を完全には解決できていませんよね？　優良可の「可」のラインです。もっと、必然性のようなものがほしいんですよ。その人がそこにいなくてはいけない理由が。

同時に、そこで購入を代行してもらうものが缶コーヒーである必然性もほしい。ただ自動販売機の横に人が立っているだけじゃ、コカ・コーラにもあてはまるし、ウーロン茶にもあてはまるわけでしょう？　それでは、缶コーヒーの広告にはならないんです。そのあたりをふまえて、考えなおしてみてください。

「なぜ」を追究してエッセンスをつかむ

伊藤

きょうの講義の最初に「みなさんが考えた企画には、インサイトを見つけ出せていないものが多い、仕組みだけを考えて終わっているものが多い」というお話をしましたが、それがどういう意味だったのか、だいたいわかってもらえたんじゃないかと思います。

「いい切り口、いいインサイトを見つけたもの勝ち」ともいいましたが、たしかにそうなんです。みなさんだって、自分のことに興味をもってくれていない人や自分のことをわかってくれていない人よりは、気持ちや人格、立場なんかをよく理解してくれている人の話に耳を傾けたくなるでしょう？

広告のコミュニケーションも基本はそれと同じなんですよ。受け手となる人たちが感じている日常の小さな欲求や思いなどから、いいインサイトを発見できたら、それだけコミュニケーションは成立しやすくなるんです。

ただ、ぼくの経験からいっても、これはと思えるようなインサイトを見つけるのはそう簡単なことではありません。今回、多くのみなさんの企画がそうだったように、インサイトを見つける前に、おもしろそうな仕組みを先に思いついてしまうケースもやっぱりあります。

問題はそういうときにどうするか、です。おもしろい仕組みのアイディアを思いついたから、それで終わり、ではなくて、そこからその本質を考えてみてほしいんです。

どうして自分がその発想を得るにいたったのか。その仕組みのなにをおもしろいと感じているのか。どうして魅力を感じるのか……。そういったことを客観的に掘り下げて、徹底的にずっと考えつづけていく。そうしているうちに、おもしろさや発想の根っこにあるコアの部分が見えてくるはずです。

いまのFさんなら、なぜ「人動販売機」がおもしろいと思ったのか。Tさんなら、なぜ「コーヒーの豆風呂」がいいと思ったのか……。

人間の発想は直感的な思いつきに見えても、じつは論理的に説明ができる理由があることが多いんです。コアの部分にある気持ちや感覚、意識なんかを掘り下げて考えることで、それを追究していく。

要するに、そのアイディアのエッセンスの部分をつかむということですが、じつはこれもひとつのインサイトの発見法なんです。商品との関係のなかでおもしろいと感じるポイントを、受け手を代表しての自分の感性に求めているわけですから。

何度もいいますが、キャンペーンは、そこでつかんだコアの部分を、中心に置いて組み立てていくといいでしょうね。コアの部分がはっきりとつかめていると、なにが必要なのかも見えてきます。キャッチコピーというよりはネーミングだな、とか、派手なビジュアルがほしいな、とか。あるいはメディアにしても、モバイルを使うべきだな、テレビCMがカギを握るな、ウェブだけで十分だな、いやOOHだ、といったことの判断もつくようになる。

最近はクロスメディアなんていって、やたらとメディアを掛け合わせようとする傾向があるようですが、仕組みを複雑にすればいいというものじゃないんです。大切なのは、必要なメディアだけを使って、必要な体験を提供することですから、余計なことはしなくていいんですよ。

それにコアの部分に照らして考えることで、それぞれのメディアでの表現にもブレがなくなります。さっきも話したように、キャンペーンに統一感や一貫性のようなものが欠けていると、複数のメディアを使ってもあまり意味がないんです。モバイルではこれ、OOHではこれ、と、それぞれバラバラなことをやっていると、ひとつのキャンペーンとしてとらえてもらいにくくなりますし、複雑なものは話題にもしにくいので、人の口の端にも上りにくくなりますから。話題の広がりにドライブがかかりにくくなるんですよね。

いずれにしても、まずは企画のコアとなる部分をつかむことです。そこから、有効なポイントに対して、それを散らすようにして体験を配置していく。そういうイメージでコミュニケーションを組み立てていくといいと思います。

やっぱりメッセージは表現で伝えるもの

伊藤

みなさんにはこれで2回、課題に取り組んでもらったわけですが、いかがでしたか？　思った以上に出来がよかったというのが、ぼくの感想ですね。可能性を感じる企画もいくつかありました。

でも、そのいっぽうで、まだこれまでのやり方や思考の方法、広告に対する先入観にとらわれているな、という印象もあった。その壁をどう突破するかが、みなさんの本当の課題かもしれません。

この講義ではずっと、伝わる広告コミュニケーションのつくり方についてお話ししてきたわけですが、紹介したものの考え方や手法は、あくまでぼくのやり方であって、これが絶対に正しいというものではないんです。みなさんには、みなさんなりの自分に適したやり方があるはずですから、ぜひ、それを見つけてください。

たとえば、講義の休憩時間にぼくのところに質問に来てくれたある人は、「10億円の予算があるなら、ファンドをつくったらどうでしょうか？」といっていました。きっとこれまでの広告制作者からは出てこないアイディアです。それが世の中のコミュニケーションとして効果があるのかどうかはさておき、そういう発想は大切にしてほしいんです。

とはいえ、そこだけにこだわっていてもよくない。自分なりの自由でとらわれない考え方に、いろんな人たちから学んだことを加えていきながらつくり上げていく。そのくらいのスタンスがいいでしょうね。

そうすれば、本当にレベルが高くて、それでいてオリジナルなやり方をつくり上げることができるんじゃないでしょうか。ぜひ、そこをめざして、がんばってください。

そして、最後にもう一度、どうしても強調しておきたいのは、ウェブをからめたり、インタラクティブコミュニケーションを使ってキャンペーンを考えたりするときに、けっして「仕組み論」だけに走ってはいけないということです。

やっぱりメッセージは表現で伝えるものなんですよ。もしかしたら、表現でなきゃ伝わらないといってもいいかもしれないくらいです。このことは、ぜひ肝に銘じておいてほしい。

ネットの世界では日々新しいテクノロジーが開発されていることもあって、どうしてもみんな、そこばかりを注目してしまうんです。新しいテクノロジーには、だれしも未来や可能性を感じますから、やむをえないところもあるのだけど、でも人の心を動かすのはやっぱりテクノロジーや仕組みではなくて表現なんです。ほかのメディアを見ても、それは明らかでしょう。

ウェブはまだ新しいメディアですから、いまはテクノロジーや仕組み、インターフェースといった部分がフィーチャーされていますが、この先もずっと同じスタンスであるはずはない。メディアとしてある程度の成熟を遂げたら、あとは表現とコンテンツのことしか語られないんじゃないかとぼくは思っています。

ウェブの進化の度合いをテレビにたとえると、いまはまだ力道山のプロレス実況中継を見ていたような時代なんじゃないでしょうかね。当時は〝白黒テレビ〟がカラーテレビになるかもしれないなんて、テレビのテクノロジーが熱く語られていたはずですが、やがてそういう声はうすれ、番組もＣＭも、企画のおもしろさや表現としての質が問われるようになりました。ウェブも近い将来、同じ道をたどると思うんです。

そうなったときに、ウェブとさまざまなメディアをどのようにからめて、どういうコミュニケーションの取り方をすれば、メッセージが世の中に伝わっていくのか——ぼくはいつもそう考えて仕事をしていますし、この講義でも、その視点からお話ししてきました。

この先は、間違いなく、いまよりもっと「体験」がメッセージを代弁するようになるはずです。そして、そのカギを握るのは、「身体性」を意識したフラットな意味でのインタラクティブだと思うんです。
どう生かしていくのかは、ぼくら次第。ぜひ、世の中が楽しくなるような
コミュニケーションを、みんなでつくっていきましょう。
これで講義を終わりにします。みなさん、ありがとうございました。

※本文中の「生徒企画書」は、つぎの方々のご協力を得て掲載させていただきました（敬称略、五十音順）。

【第2講】
河尻法美（99ページ）
中島慧（109ページ）
宮川ひとみ（103ページ）

【第3講】
谷本潤哉（169ページ）
林賢太郎（151ページ）
渡邊千佳（161ページ）

伊藤直樹（いとうなおき）

1971年静岡県生まれ。早稲田大学法学部卒。テレビからウェブまでをフラットに用いた、メディアにとらわれない広告キャンペーンやブランディングを得意とするクリエイティブディレクター。テレビCFの企画、コピーライティング、アートディレクション、戦略PRなども手がけている。最近では商品開発、事業提案、社会活動などもおこなっている。

おもな仕事には、ナイキ／NIKEiD「Nike Cosplay」、マイクロソフト／Xbox「BIG SHADOW」、ソニー／ウォークマン「REC YOU」、ハンゲーム「人生の半分は、ゲームだ。」、相模ゴム工業／サガミオリジナル002「LOVE DISTANCE」などがある。

カンヌ国際広告祭（フィルム部門、サイバー部門、アウトドア部門、PR部門などで金賞5回）、アドフェスト（3年連続グランプリ）、東京インタラクティブ・アド・アワード（グランプリ、ベストクリエイター）をはじめ国内外での受賞多数。TCC会員、NY ADC会員、ONE SHOW 会員。


「伝わる」のルール　体験でコミュニケーションをデザインする

2009年9月21日　初版発行

著者　伊藤直樹
発行人　土田米一
発行　株式会社インプレスジャパン An Impress Group Company
〒102-0075 東京都千代田区三番町20
発売　株式会社インプレスコミュニケーションズ An Impress Group Company
〒102-0075 東京都千代田区三番町20
印刷所　株式会社廣済堂

ISBN 978-4-8443-2768-4 C0034

Printed in Japan

造本には万全を期しておりますが、万一、落丁、乱丁がございましたら、送料小社負担にてお取り替え致します。

お手数ですが、インプレスカスタマーセンターまでご返送ください。

・商品の購入に関するお問い合わせ先
インプレスカスタマーセンター　〒102-0075 東京都千代田区三番町20
TEL 03-5213-9295 ／ FAX 03-5275-2443　info@impress.co.jp

・書店、取次様のお問い合わせ先
出版営業部　〒102-0075 東京都千代田区三番町20
TEL 03-5275-2442 ／ FAX 03-5275-2444

読者アンケートへのご協力をお願いします。

このたびは書籍をご購入いただき、有り難うございました。

弊社では読者の皆様のご意見、ご感想をウェブサイトにて承っております。お気づきの点やお気に召さなかった点、また役に立った点などについて、率直なご意見やご感想をお聞かせいただければ有り難く存じます。今後の商品企画や制作の参考にさせていただきます。

お手数ですが、つぎのURLの「書籍ページ」にアクセスいただき、下記の要領で、アンケートにご協力くださいますようお願いいたします。

【書籍ページURL】
http://www.impressjapan.jp/books/2768/

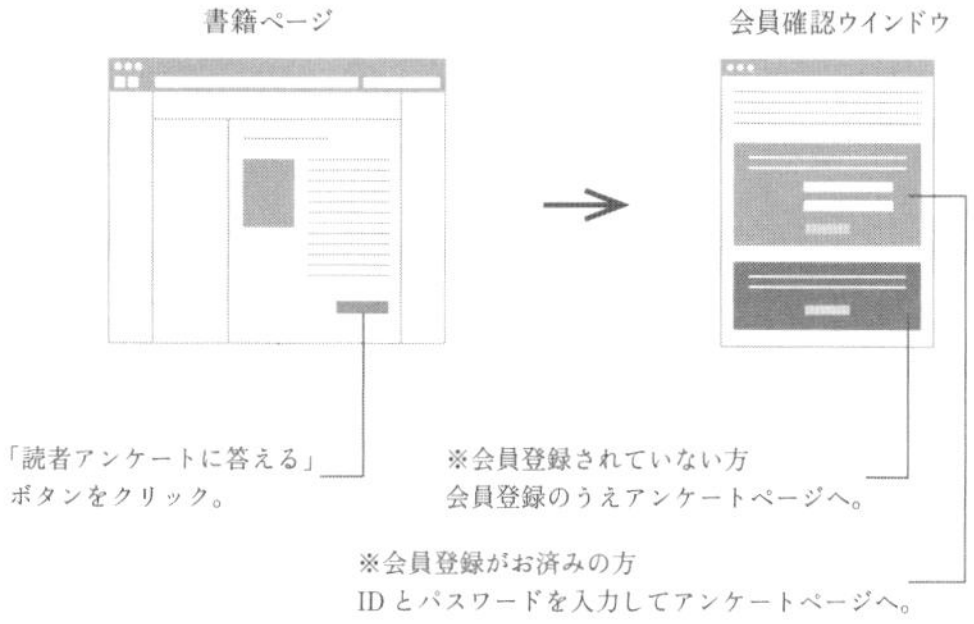
書籍ページ
会員確認ウインドウ
「読者アンケートに答える」ボタンをクリック。
※会員登録されていない方
会員登録のうえアンケートページへ。
※会員登録がお済みの方
IDとパスワードを入力してアンケートページへ。

※アンケートにはじめてお答えいただく際は、「CLUB IMPRESS」(クラブインプレス)にご登録いただく必要があります。一度ご登録いただければ、次回以降はIDとパスワードを入力するだけで読者アンケートやポイントサービスなどの各種サービスをご利用いただけます。ご登録料や会費などは必要ありませんので(無料)、ぜひこの機会にご登録ください。